全国高职高专教学改革规划教材编写委员会

主　任　俸培宗

副主任　（按姓名笔画排列）

于增信　么居标　付宏生　朱凤芝　刘　强
刘玉宾　刘京华　孙喜平　张　耀　张春芝
张雪莉　罗晓晔　周伟斌　周国庆　赵长明
胡兴盛　徐红升　黄　斌　彭林中　曾　鑫
解海滨

委　员　（按姓名笔画排列）

于增信　么居标　王　会　卞化梅　布　仁
付宏生　冯志新　兰俊平　吕江毅　朱　迅
朱凤芝　朱光衡　任春晖　刘　强　刘玉宾
刘京华　刘建伟　安永东　孙喜平　孙琴梅
杜　潜　李占锋　李全利　李慧敏　李德俊
何佳兵　何晓敏　张　彤　张　钧　张　耀
张小亮　张文兵　张红英　张春芝　张雪莉
张景黎　陈金霞　武孝平　罗晓晔　金英姬
周伟斌　周国庆　孟冬菊　赵长明　赵旭升
胡　健　胡兴盛　侯　勇　贺　红　俸培宗
徐红升　徐志军　凌桂琴　高　强　高吕和
高英敏　郭　凯　郭宏彦　陶英杰　黄　伟
黄　斌　常慧玲　彭林中　葛惠民　韩翠英
曾　鑫　路金星　鲍晓东　解金柱　解海滨
薄志霞

全国高职高专 **教学改革** 规划教材

汽车液压、气压与液力传动

安永东　张德生　夏巍　编

化学工业出版社

·北京·

图书在版编目（CIP）数据

汽车液压、气压与液力传动/安永东，张德生，夏巍编．—北京：化学工业出版社，2010.2（2023.8重印）
全国高职高专教学改革规划教材
ISBN 978-7-122-07514-7

Ⅰ．汽…　Ⅱ.①安…②张…③夏…　Ⅲ.①汽车-液压传动-高等学校：技术学院-教材②汽车-气压传动-高等学校：技术学院-教材③汽车-液力传动-高等学校：技术学院-教材　Ⅳ.U463.2

中国版本图书馆 CIP 数据核字（2009）第 244372 号

责任编辑：周　红　　　　　　　　　　　文字编辑：闫　敏
责任校对：王素芹　　　　　　　　　　　装帧设计：尹琳琳

出版发行：化学工业出版社（北京市东城区青年湖南街 13 号　邮政编码 100011）
印　　装：北京七彩京通数码快印有限公司
787mm×1092mm　1/16　印张 8¼　字数 193 千字　2023 年 8 月北京第 1 版第 10 次印刷

购书咨询：010-64518888　　　　　　　　售后服务：010-64518899
网　　址：http://www.cip.com.cn
凡购买本书，如有缺损质量问题，本社销售中心负责调换。

定　　价：20.00 元　　　　　　　　　　　　　　　　　版权所有　违者必究

序

随着市场经济体制的完善、科学技术的进步、产业结构的调整及劳动力市场的变化,职业教育面临着"以服务社会主义现代化建设为宗旨、培养数以亿计的高素质劳动者和数以千万计的高技能专门人才"的新任务。高等职业教育是全面推进素质教育,提高国民素质,增强综合国力的重要力量。2005年颁布的《国务院关于大力发展职业教育的决定》中国家进一步推行以就业为导向,继续实行多形式的人才培养工程和推进职业教育的体制改革与创新,提出"职业院校要根据市场和社会需要,不断更新教学内容,合理调整专业结构"。在《关于全面提高高等职业教育教学质量的若干意见》(教高[2006]16号)文件中,教育部明确指出"课程建设与改革是提高教学质量的核心,也是教学改革的重点和难点。高等职业院校要积极与行业企业合作开发课程,根据技术领域和职业岗位(群)的任职要求,参照相关的职业资格标准,改革课程体系和教学内容。"

新时期下我国经济体制转轨变型也带来对人才需求和人才观的新变化。大量新技术、新工艺、新材料和新方法的不断涌现使得社会对新型技能人才的需求更加迫切,而以传统学科式职业教学体系培养出来的人才无论从数量、结构和质量都不能很好满足经济建设和社会发展的需要,而满足社会的需要才是职业教育的最终目的。在新形势下,进行职业教育课程体系的教学改革是职业教育生存和发展的唯一出路。改革现行的培养体系、课程模式、教学内容、教材教法,培养造就技术素质优秀的劳动者,已成为高等职业学校教育改革的当务之急。

针对上述情况,高职院校应大力进行课程改革和建设,培养学生的综合职业能力和职业素养。课程设计以职业能力培养为重点,与企业合作进行基于工作过程的课程开发与设计,充分体现职业性、实践性和开放性的要求,重视学生在校学习与实际工作的一致性,有针对性地采取工学交替、任务驱动、项目导向、课堂与实习地点一体化等行动导向的教学模式。课程的教学内容来自于企业生产、经营、管理、服务的实际工作过程,并以实际应用的经验和策略等过程性知识为主。以具体化的工作项目(任务)或服务为载体,每个项目或任务都包括实践知识、理论知识、职业态度和情感等内容,是相对完整的一个系统。在课程的"项目"或"任务"设置上,充分考虑学生的个性发展,保留学生的自主选择空间,兼顾学生的职业发展。

为此,化学工业出版社在全国范围内组织了二十所职业院校机械、电气、汽车三个专业的百余位老师编写了这套"全国高职高专教学改革规划教材",为推动我国高等职业院校教学改革做了有益的尝试。

在教材的编写思路上,我们积极配合新的课程教学模式、教学内容、教学方法的改革,结合学校和企业工业现场的设备,打破学科体系界限和传统教材以知识体系编写教材的思路,以知识的应用为目的,以工作过程为主线,融合了最新的技术和工艺知识,强调知识、能力、素质结构整体优化,强化设备安装调试、程序设计指导、现场设备维修、工程应用能力训练和技术综合一体化能力培养。

　　在内容的选择上，突出了课程内容的职业指向性，淡化课程内容的宽泛性；突出了课程内容的实践性，淡化课程内容的纯理论性；突出了课程内容的实用性，淡化课程内容的形式性；突出了课程内容的时代性和前瞻性，淡化课程内容的陈旧性。

　　在编写力量上，我们组织了一批高等职业院校一线的教学名师，他们大都在自己的教学岗位上积极探索和应用着新的教学理念和教学方法，其中一部分教师曾被派到德国进行双元制教学的学习，再把国外的教学模式与我国职业教育的现实进行有机结合，并把取得的经验和成果毫无保留地体现在教材编写中。

　　同时，我们还邀请企业人员参与教材编写，并与相关职业资格标准、行业规范相结合，充分体现了校企合作和工学结合，突出了创新性、先进性和实用性。

　　本套教材从编写内容和编写模式方面，都充分体现了全国高职院校教学改革的成果，符合学生的认知规律，适应科技发展的需要，必将为职业院校培养高素质人才提供强有力的保证。

编委会

前言

课程建设与改革是提高教学质量的核心,也是教学改革的重点和难点。为贯彻教育部教学改革的重要精神,同时为配合职业院校教学改革和教材建设,更好地为职业院校深化改革服务,化学工业出版社组织二十所职业院校的老师共同编写了这套"全国高职高专教学改革规划教材",该套教材涉及汽车、机械、电气专业领域,其中汽车专业包括《汽车发动机构造与维修》、《汽车发动机电控系统维修》、《汽车底盘电控系统维修》、《汽车底盘维修》、《汽车自动变速器维修》、《汽车电气系统检修》、《汽车检测与故障诊断》、《汽车性能与使用》、《汽车保险与理赔》、《汽车涂装》、《汽车车身修复》、《汽车专业英语》、《汽车市场营销》、《汽车4S店运行管理》、《汽车机械基础》、《汽车电工电子技术》、《汽车液压、气压与液力传动》、《汽车消费心理学》、《汽车机械识图》共19种教材。

本书根据汽车液压、气压与液力传动的技术特点,将课程内容划分为五个学习情境,每个学习情境配有相应的学习任务,每个学习任务里面有任务分析、知识准备,最后通过任务实施来掌握本情境所涉及的理论知识和增强实践动手能力。针对每个学习情境配备了自我评估和评价标准,衡量学生对本学习情境的学习目标的掌握情况,找出不足,加以提高。

在学习本书的过程中,首先要对每个学习情境中的任务描述、任务分析加以研究讨论,然后再学习知识准备的内容,最后运用所学知识完成任务实施内容,将理论知识融入实践技能中。另外,在每个学习情境后面都有知识拓展,来介绍与本学习情境相关的一些汽车液压与气压技术的研究现状和发展趋势,用以开拓学生的知识面。最后通过自我评估和评价标准来考核学生对本学习情境内容的掌握情况。

本书适合于车辆工程、汽车运用、汽车维修、交通运输、交通工程专业的高职高专学生使用,亦可作为汽车类工程技术人员提高理论水平和实践技能的参考用书。

本书由黑龙江工程学院安永东、张德生、夏巍编写。本书在编写过程中,得到了黄冈职业技术学院、北京联合大学机电学院、天津城市建设管理职业技术学院、陕西交通职业技术学院、北京电子科技职业学院、内蒙古机电职业技术学院、河南机电高等专科学校、北京工业职业技术学院、哈尔滨工程大学、哈尔滨理工大学和长春汽车工业高等专科学校等多所兄弟院校教师的指导,并参考了一些汽车制造厂的资料,在此一并表示感谢。

由于编者水平有限,不妥之处在所难免,竭诚希望广大读者指出宝贵意见。

本套教材中练习题的参考答案请到 http://www.cipedu.com.cn 下载。

编者

目录

学习情境 1　汽车液压传动基础知识

【学习目标】 ························· 1
任务 1.1　认识自卸汽车车厢举升机构液压系统 ························· 2
　【任务描述】 ························· 2
　【任务分析】 ························· 2
　【知识准备】 ························· 2
　　1. 汽车液压系统工作原理 ························· 2
　　2. 汽车液压系统组成 ························· 3
　　3. 液压系统图形符号 ························· 3
　【任务实施】 ························· 3
任务 1.2　分析汽车减振器减振原理 ························· 4
　【任务描述】 ························· 4
　【任务分析】 ························· 4
　【知识准备】 ························· 4
　　1. 液体静力学基础 ························· 4
　　2. 液体动力学基础 ························· 6
　　3. 液体流经孔口及缝隙特性 ························· 7
　【任务实施】 ························· 9
　【知识拓展】 ························· 9
　　1. 汽车液压传动的特点 ························· 9
　　2. 汽车液压系统常用液压油 ························· 10
　　3. 液压冲击及气穴现象 ························· 11
　　4. 液体流动压力损失 ························· 12
【学习小结】 ························· 12
【自我评估】 ························· 12
【评价标准】 ························· 14

学习情境 2　液压元件识别与选用

【学习目标】 ························· 15
任务 2.1　液压动力元件识别与选用 ························· 16
　【任务描述】 ························· 16
　【任务分析】 ························· 16
　【知识准备】 ························· 16
　　1. 液压泵工作原理 ························· 16
　　2. 液压泵的性能参数 ························· 17
　　3. 液压泵的分类 ························· 18
　【任务实施】 ························· 23
任务 2.2　液压执行元件识别与选用 ························· 24
　【任务描述】 ························· 24
　【任务分析】 ························· 24
　【知识准备】 ························· 24
　　1. 液压缸 ························· 24
　　2. 液压马达 ························· 27
　【任务实施】 ························· 31
任务 2.3　液压辅助元件识别与选用 ························· 31
　【任务描述】 ························· 31
　【任务分析】 ························· 31
　【知识准备】 ························· 31
　　1. 密封装置 ························· 31
　　2. 过滤器 ························· 31
　　3. 热交换器 ························· 33
　　4. 蓄能器 ························· 35
　　5. 油管和管接头 ························· 36
　【任务实施】 ························· 38
任务 2.4　液压控制元件识别与选用 ························· 38
　【任务描述】 ························· 38
　【任务分析】 ························· 39

【知识准备】 39
  1. 方向控制阀 39
  2. 压力控制阀 44
  3. 流量控制阀 48
【任务实施】 50
【知识拓展】 50
  1. 汽车自动变速器用液压控制阀 50

  2. 汽车制动力调节控制阀 52
学习小结 54
自我评估 54
评价标准 57

学习情境 3 典型汽车液压系统分析

学习目标 58
任务 3.1 分析汽车液压动力转向系统 59
【任务描述】 59
【任务分析】 59
【知识准备】 60
  1. 启停回路 60
  2. 换向回路 60
  3. 锁紧回路 60
【任务实施】 61
任务 3.2 分析自卸汽车液压系统 61
【任务描述】 61
【任务分析】 61
【知识准备】 62
  1. 卸荷回路 62
  2. 保压回路 63
  3. 平衡回路 63
  4. 调压回路 63

【任务实施】 64
任务 3.3 分析液压式无级变速器液压系统 65
【任务描述】 65
【任务分析】 65
【知识准备】 66
  1. 调速回路 66
  2. 快速运动回路 71
  3. 速度切换回路 72
【任务实施】 73
【知识拓展】 73
  1. 汽车防抱死制动液压系统 73
  2. 汽车自动变速器液压控制系统 75
学习小结 77
自我评估 77
评价标准 80

学习情境 4 汽车气压制动系统分析

学习目标 81
【任务描述】 82
【任务分析】 82
【知识准备】 83
  1. 气压传动系统的主要元部件 83
  2. 气动基本回路 95
【任务实施】 98

【知识拓展】 99
  1. 公交车车门气动系统 99
  2. 汽车气压制动防抱死系统 100
学习小结 101
自我评估 101
评价标准 102

学习情境 5 汽车液力变矩器结构分析

学习目标 103
【任务描述】 104

【任务分析】 104
【知识准备】 104

  1. 汽车液力传动工作原理……………… 104
  2. 液力变矩器的组成…………………… 105
  3. 液力变矩器的工作原理……………… 106
  4. 液力变矩器的类型…………………… 108
 【任务实施】………………………………… 110
 【知识拓展】………………………………… 111
  1. 液力变矩器的检查…………………… 111

  2. 液力变矩器的清洗…………………… 112
  3. 液力变矩器渗漏性试验……………… 112
 学习小结 …………………………………… 113
 自我评估 …………………………………… 113
 评价标准 …………………………………… 114

附录 常用液压与气压元件图形符号 ………………………………………………… 115
参考文献 ……………………………………………………………………………………… 120

学习情境 1
汽车液压传动基础知识

学习目标

能力目标
- 能正确分析汽车液压系统的原理及组成。
- 能识别常用汽车用液压油,并能正确选用。

知识要求
- 了解汽车液压传动工作原理。
- 了解汽车液压传动系统组成。
- 掌握汽车液压传动系统组成及液压元件的图形符号。
- 了解汽车液压传动的特点及发展趋势。
- 掌握汽车液压传动的静力学和动力学基础知识。
- 了解压力损失的基本概念。
- 了解液压冲击及气穴现象。

技能要求
- 正确认识汽车液压传动系统的各组成部分。
- 识别常用汽车液压油,并能正确选用。

任务1.1 认识自卸汽车车厢举升机构液压系统

【任务描述】

如图1-1（b）所示为自卸车车厢举升机构液压系统。该系统能使自卸车车厢完成举升卸货的工作。从液压泵8输出的压力油经换向阀5中的b油道进入液压缸6下腔，推动液压缸活塞上移，液压缸活塞杆与自卸车车厢铰接，通过活塞杆实现车厢的举升。

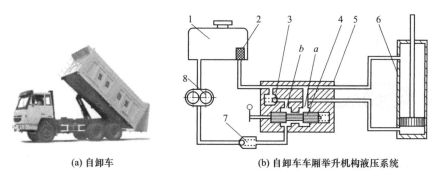

(a) 自卸车　　　　　　　　　(b) 自卸车车厢举升机构液压系统

图1-1　自卸车车厢举升机构

1—油箱；2—滤油器；3—限压阀；4—换向阀芯；5—换向阀；6—液压缸；7—单向阀；8—液压泵；a,b—油道

【任务分析】

结合自卸车车厢举升机构液压系统了解汽车液压传动工作原理，掌握汽车液压传动系统组成及液压元件的图形符号。

【知识准备】

1. 汽车液压系统工作原理

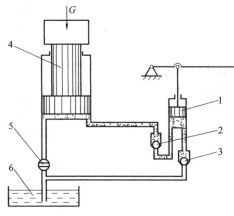

图1-2　液压千斤顶工作原理图

1—小液压缸；2,3—单向阀；
4—大液压缸；5—放油阀；6—油箱

液压传动是利用密闭系统中的受压液体来传递运动和动力的一种传动方式。图1-2为常见液压千斤顶的工作原理图。小液压缸1、大液压缸4、油箱6以及它们之间的连通油路构成一个系统，里面充满液压油。放油阀5关闭时，系统密闭。当提起杠杆时，小液压缸1的柱塞上移，其油腔密封容积增大，形成部分真空；此时单向阀2封住通向大液压缸4的油路，油箱6油液在大气压的作用下经过吸油管路推开单向阀3进入小液压缸油腔，完成一次吸油。接着，压下杠杆，小液压缸1柱塞下移，其油腔密封容积减少，油液压力升高，单向阀3自动关闭，压力油推开单向阀2经油路流入大液压缸4内。由于大液压缸

4油腔也是一个密闭的容积，所以进入的油液因受挤压而产生的作用力就推动大液压缸4的柱塞上升，并将重物向上顶起一段距离。这样反复提、压杠杆，就可以使重物不断上升，达到起重的目的。将放油阀5旋转90°，在重物重力作用下，大油缸的油液排回油箱，柱塞可下降到原位。

从上述例子中可以看出：液压千斤顶是一个简单的液压传动装置。分析液压千斤顶的工作过程，可知液压传动是以液体作为工作介质来传动的；它依靠密闭容积的变化传递运动，依靠液体内部的压力（由外界负载所引起）传递动力。液压传动装置本质上是一种能量转换装置，它先将机械能转换为便于输送的液压能，随后又将液压能转换为机械能而做功。

2. 汽车液压系统组成

以自卸汽车车厢举升机构为例，说明液压传动系统的组成。如图1-1（b）所示，液压缸6活塞杆与汽车车厢铰接。当液压泵8运转，换向阀5中的阀芯处于图中所示位置时，车厢举升机构不工作。即液压泵输出的压力油经单向阀7，换向阀5中的a油道及回油管返回油箱。由于液压缸6活塞上、下腔均与油箱连通，此时，液压缸处于不工作状态。

在外力作用下，推动换向阀芯4右移，换向阀的a油道与液压泵供油路关闭。从液压泵输出的压力油经换向阀的b油道进入液压缸活塞下腔，推动液压缸活塞上移，通过活塞杆实现车厢的举升。

为了防止液压系统过载，在液压缸6进油路上装有限压阀3。当系统油压超过一定值时，限压阀开启，一部分压力油通过限压阀返回油箱，系统油压则不再升高。

当外力去除后，在换向阀芯左侧弹簧力的作用下，换向阀芯4返回到原来位置（图中所示位置）。此时，液压缸活塞下腔通过换向阀与回油路连通。液压缸活塞下腔压力油返回油箱，车厢在自重作用下下降。

综上所述，通常可以将液压系统分成以下五个组成部分。

① 动力元件——液压泵。把机械能转换成液体液压能的装置。

② 执行元件——液压缸、液压马达。把液体的液压能转换成机械能的装置。

③ 控制元件——对系统中油液的压力、流量或流动方向进行控制或调节的装置。例如图1-1（b）中的限压阀、换向阀和单向阀等。

④ 辅助元件——除上述三个部分以外的其它装置。例如图1-1（b）中的油箱、滤油器、油管、管接头及密封件等。

⑤ 工作介质——液压油就是用于液压系统中的工作介质。为保证汽车液压系统正常工作，液压油必须保证其不可压缩性和良好的流动状态。此外，还应具有适宜的黏度和良好的黏温特性、良好的抗磨性、抗乳化性、抗泡沫性、抗氧化性等。

3. 液压系统图形符号

图1-1（b）所示的自卸车车厢举升机构液压系统是用各液压元件和管路的结构简图表示的一种半结构式的工作原理图。它直观性强，容易理解，但绘制起来比较麻烦。图1-3所示为用反映各液压元件功能的符号表示、并用通路连接起来组成的同一个液压系统工作原理图，即液压系统图。使用这些图形符号可使液压系统图简单明了，便于绘制。

【任务实施】

按图1-4搭接液压系统。将溢流阀的压力调到1MPa，注意液压缸在运动时和运动到极限位置时的压力表的读数有何不同。再将溢流阀的压力调到2MPa时，看看压力表读数又为多少。

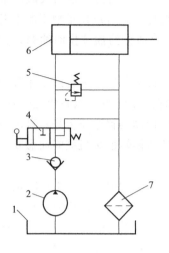

图 1-3 车厢举升机构液压系统图
1—油箱;2—油泵;3—单向阀;4—换向阀;
5—限压阀;6—液压缸;7—滤油器

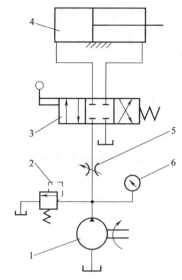

图 1-4 搭接液压系统图
1—液压泵;2—溢流阀;3—手动换向阀;
4—液压缸;5—节流阀;6—压力表

任务1.2 分析汽车减振器减振原理

【任务描述】

汽车液压筒式减振器如图 1-5 所示,减振器上端连接到车身,下端连接到车桥上,靠内部的液压油流经阻尼孔时的阻尼作用而消除地面来的作用力。

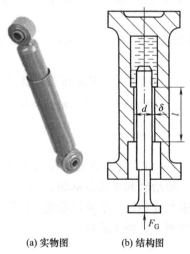

(a) 实物图　(b) 结构图

图 1-5 汽车液压筒式减振器

【任务分析】

结合汽车减振器减振原理,掌握汽车液压传动的静力学和动力学基础知识。

【知识准备】

1. 液体静力学基础

学习静止液体的力学规律和这些规律的实际应用。静止液体是指液体内部质点间没有相对运动而言,此时液体不显示黏性。

(1) 液体静压力及其特性

静压力是指液体处于静止状态时,单位面积上所受的内法线方向的法向作用力。静压力在液压传动中简称压力,在物理学中则称为压强。

静止液体中某一微小面积 ΔA 上作用有法向力 ΔF,则该点压力可定义为

$$p = \lim_{\Delta A \to 0} \frac{\Delta F}{\Delta A} \tag{1-1}$$

我国法定的压力单位为帕斯卡，简称帕（Pa），$1Pa=1N/m^2$。工程实际中也采用兆帕（MPa）和巴（bar），$1bar=10^5Pa=0.1MPa$。

液压力有以下两个重要性质。

① 液体静压力垂直于作用面，其方向和该面的内法线方向一致。这是因为液体只能受压，不能受拉所致。

② 静止液体中任何一点受到各个方向的压力都相等。如果液体中某点受到的压力不同，那么液体就要运动，这就破坏了静止的条件。

（2）液体静压力基本方程

① 静压力基本方程 如图1-6所示容器中盛有液体，假设作用在液面上的力为 p_0，现在要求液面下深 h 处的液体的压力 p，可以从液体中取一底面为 ΔA 的小液柱，其高度为 h，对其进行受力分析，得垂直方向上的力平衡方程式

$$p\Delta A = p_0 \Delta A + \rho g h \Delta A$$

化简得

$$p = p_0 + \rho g h \tag{1-2}$$

式中 ρ——液体的密度；

g——重力加速度。

式（1-2）即为静压力基本方程式。

由式（1-2）可知，静止液体内任意点的压力由两部分组成，即液面上的压力 p_0 和液体重力所产生的压力 $\rho g h$。静止液体内的压力随着深度 h 的增加而线性地增加。静止液体中同一深度的各点压力相等，由压力相等的点组成的面称为等压面。

② 静压力基本方程式的物理意义 如图1-7所示的盛有液体的密闭容器，液面压力为 p_0。把此容器放到坐标系中，根据静压力基本方程可确定距液面深 h 处 A 点和深 h_1 处 B 点的压力 p_A、p_B，即

$$p_A = p_0 + \rho g h = p_0 + \rho g(z_0 - z)$$
$$p_B = p_0 + \rho g h_1 = p_0 + \rho g(z_0 - z_1)$$

式中 z_0——液面在坐标系中的纵坐标；

z、z_1——A、B 点的纵坐标。

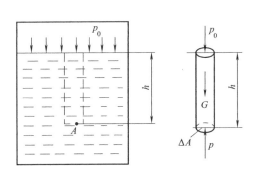

图1-6 静压力基本方程计算图

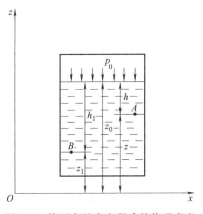

图1-7 静压力基本方程式的物理意义

整理后可得

$$\frac{p_A}{\rho g}+z=\frac{p_B}{\rho g}+z_1=\frac{p_0}{\rho g}+z_0=常数 \tag{1-3}$$

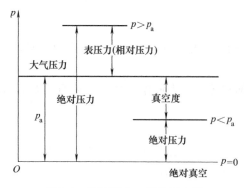

图 1-8 绝对压力、相对压力和真空度的相互关系

这是静压力基本方程的另一形式。z 实质上表示了单位重量液体相对于基准平面的位能。$\frac{p}{\rho g}$ 表示单位重量液体的压力能。静止的液体内部任意点的能量由单位重量液体的位能 z 和单位重量液体的压力能 $\frac{p}{\rho g}$ 组成，两者的和为常数，此常数与液面上所受的压力和坐标系的选取有关。

③ 压力的几种表示方法　压力有两种表示方法：一种是以绝对零压力作为基准所表示的压力，称为绝对压力；另一种是以当地大气压力为基准所表示的压力，称为相对压力，也称表压力。绝对压力为大气压力与相对压力（表压力）之和。当液体的绝对压力小于大气压力时，相对压力为负值，此负值称为真空度，真空度就是大气压力和绝对压力之差。如图 1-8 所示。

2. 液体动力学基础

学习液体流动时的运动规律、能量转换和流动液体对固体壁面的作用力等问题，具体介绍三个基本方程——连续性方程、伯努利方程和动量方程。

（1）基本概念

1）理想液体和恒定流动

① 理想液体。所谓理想液体是一种假想的无黏性、不可压缩的液体，而把实际上既有黏性又可压缩的液体称为实际液体。

② 恒定流动。液体流动时，液体中任意点处的压力、流速和密度都不随时间而变化，称为恒定流动；反之，称为非恒定流动。研究液压系统静态性能时，可以认为液体作恒定流动；但在研究其动态性能时，则必须按非恒定流动来考虑。

2）流线、流束和通流截面

① 流线。流线是表示某一瞬时液流中各处质点运动状态的一条条曲线。在此瞬时，流线上各液体质点速度方向与该点的切线方向重合。

② 流束。通过某截面 A，作出其上所有液流质点的流线，则这些流线的集合就构成流束。

③ 通流截面。流束中与所有液流质点流线正交的截面称为通流截面，该截面上每点处的流束都垂直于此面。

3）流量和平均流速

① 流量。单位时间内流过通流截面的液体的体积称为流量，用 q 表示，单位为 m^3/s，常用的单位为 L/min，$1 m^3/s = 6 \times 10^4 L/min$。

② 平均流速。假设流束内的实际流速为均匀分布的，称为平均流速，用 v 来表示。

$$v=\frac{q}{A} \tag{1-4}$$

(2) 连续性方程

流动液体的连续性方程是从质量守恒定律中演化出来的。即液体在密封管道内作恒定流动时，设液体不可压缩，则单位时间内流过每一通流截面的液体质量必然相等。如图1-9所示，管道内的两个通流面积分别为 A_1、A_2，液体的平均流速分别为 v_1、v_2，液体的密度为 ρ，则有

$$\rho v_1 A_1 = \rho v_2 A_2$$

即

$$v_1 A_1 = v_2 A_2 = 常量 \quad (1-5)$$

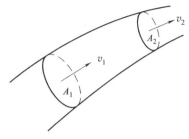

图1-9 连续性方程计算图

式（1-5）称为连续性方程，它说明了在同一管路中，无论通流面积怎样变化，只要液体是连续的，即没有空隙，没有泄漏，液体通过任一截面的流量是相等的；同时还说明了同一管路中通流面积大的地方液体流速小，通流面积小的地方则液体流速大。当通流面积一定时，通过液体的流量越大，其流速也越大。

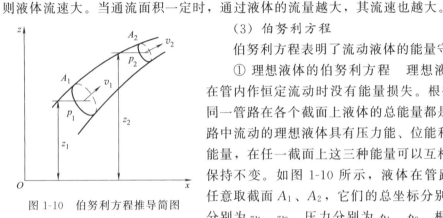

图1-10 伯努利方程推导简图

(3) 伯努利方程

伯努利方程表明了流动液体的能量守恒定律。

① 理想液体的伯努利方程　理想液体没有黏性，它在管内作恒定流动时没有能量损失。根据能量守恒定律，同一管路在各个截面上液体的总能量都是相等的。即在管路中流动的理想液体具有压力能、位能和动能三种形式的能量，在任一截面上这三种能量可以互相转换，但其总和保持不变。如图1-10所示，液体在管路中恒定流动时，任意取截面 A_1、A_2，它们的总坐标分别为 z_1、z_2，流速分别为 v_1、v_2，压力分别为 p_1、p_2，根据能量守恒定律得理想液体的伯努利方程为

$$\frac{p_1}{\rho g} + z_1 + \frac{v_1^2}{2g} = \frac{p_2}{\rho g} + z_2 + \frac{v_2^2}{2g} \quad (1-6)$$

由于两截面是任意取的，所以式（1-6）可写成

$$\frac{p}{\rho g} + z + \frac{v^2}{2g} = 常量 \quad (1-7)$$

上式左端的各项依次为单位重量液体的压力能（比压能）、位能（比位能）、动能（比动能）。静压力基本方程式则是伯努利方程的特例。

② 实际液体的伯努利方程　实际液体具有黏性，在管路中流动时，为克服黏性阻力需要消耗能量，所以实际液体的伯努利方程为

$$\frac{p_1}{\rho g} + z_1 + \frac{\alpha_1 v_1^2}{2g} = \frac{p_2}{\rho g} + z_2 + \frac{\alpha_2 v_2^2}{2g} + h_W \quad (1-8)$$

式中　h_W——单位重量液体流动时的能量损失；

α_1、α_2——因流速不均匀引起的动能修正系数；经理论推导和实验测定，对圆管来说，$\alpha = 1 \sim 2$，紊流时取 $\alpha = 1.1$，层流时 $\alpha = 2$。

伯努利方程是流体力学的重要方程。在液压传动中常与连续性方程一起应用来求解系统中的压力和速度问题。

3. 液体流经孔口及缝隙特性

在液压系统中，液流流经小孔或缝隙的现象是普遍存在的，前者是节流调速和液压阀工作原理的基础，后者是计算和分析液压元件和系统泄漏的根据。

（1）小孔流量-压力特性

液体流经小孔的情况可分为薄壁小孔、短孔和细长孔。

薄壁小孔是指孔的长度 l 与其直径 d 之比 $l/d \leqslant 0.5$，短孔一般是指长径比 $l/d < 4$，细长孔为 $l/d > 4$。流经小孔的流量为

$$q = K A_T \Delta p^m \tag{1-9}$$

式中　A_T、Δp——小孔的通流截面的面积和两端压差；

　　　　K——流量系数，由孔的形状、尺寸和液体性质决定的系数；对细长孔，$K = d^2/(32\mu l)$，对薄壁孔和短孔，$K = C_q \sqrt{2/\rho}$。μ 为液体动力黏度，Pa·s，ρ 为液体密度，kg/m³；C_q 为流量系数，当 $Re \leqslant 10^5$ 时，$C_q = 0.964 Re^{-0.05}$；当 $Re > 10^5$，取 $C_q = 0.60 \sim 0.62$。

　　　　m——由孔的长径比决定的指数，对薄壁孔，$m = 0.5$；对细长孔 $m = 1$。

（2）缝隙流量-压力特性

① 液体流经平行平板缝隙的流量-压力特性　经理论推导可得出液体流经平行平板缝隙的流量为

$$q = \frac{\delta^3 b}{12\mu l} \Delta p \pm \frac{v}{2} b \delta \tag{1-10}$$

式中　δ——缝隙高；

　　　　b——平板宽度；

　　　　Δp——缝隙两端压差；

　　　　v——两平行平板间的相对速度。

式（1-10）中，平板运动速度与压差作用下的液体流向相同时取"＋"号，反之取"－"号。

由式（1-10）可知，液体流经两固定平行平板缝隙的流量 q 与缝隙 δ 的三次方成正比。这说明液压元件的间隙对泄漏的影响很大。

② 液体流经环形缝隙的流量-压力特性　在液压传动系统中，流体流经同心和偏心环形缝隙是最常见的情况，如液压缸缸体与活塞之间的缝隙、阀套与阀芯之间的缝隙等。通过该缝隙的流量为

$$q = \frac{\pi D \delta^3 \Delta p}{12\mu l}(1 + 1.5\varepsilon^2) \pm \frac{\pi d \delta v}{2} \tag{1-11}$$

式中　D——大圆直径，$D = 2R$；

　　　　d——小圆直径，$d = 2r$；

　　　　ε——偏心量与缝隙的比值，$\varepsilon = e/\delta$，δ 为无偏心时环形缝隙值，e 为偏心距。

　　　　l——缝隙的长度；

　　　　v——缝隙内外环的相对运动速度；

　　　　Δp——缝隙两端压差。

由上分析可知：当两圆环同心时，$e = 0$，可得到同心环形缝隙的流量公式；当 $e = 1$ 时，可得到完全偏心时的缝隙流量公式。因此，偏心愈大，泄漏量也愈大，完全偏心时的泄漏量

为同心时的 2.5 倍，故在液压元件中柱塞式阀芯上都开有平衡槽，使其在工作时靠液压力自动对中，以保持同心，减少泄漏。

【任务实施】

如图 1-5 所示的汽车液压筒式减振器，如果减振器的活塞在冲击力 $F_G=50N$ 的作用下向上移动，将筒内的油液经过 $\delta=0.05mm$ 的缝隙排到下腔中，在此过程，缝隙对液流起到阻尼作用，从而达到减振作用。设活塞和缸筒处于同心状态，缝隙长 $l=70mm$，活塞直径 $d=20mm$，油的动力黏度 $\mu=5\times10^{-2} Pa\cdot s$，计算活塞上升 0.1m 所需时间？

计算过程如下。

由冲击力 F_G 产生的液压力为：$p=\dfrac{4F_G}{\pi d^2}=\dfrac{4\times 50}{\pi\times 0.02^2}=159159.64$（Pa）

活塞两腔压差为：$\Delta p=p-0=159159.64$（Pa）

液压油经缸筒和活塞间的圆形缝隙流到下腔，同时缸筒和活塞间的速度与压差方向反向，故根据同心圆环间隙流量公式（1-11）得：$q=\dfrac{\pi d\delta^3 \Delta p}{12\mu l}-\dfrac{\pi d\delta v}{2}$。同时，根据活塞的运动得出流量为 $q=\dfrac{\pi d^2}{4}v$。联系方程求出活塞上升速度为：

$$v=\dfrac{4}{(d^2+2d\delta)}\times\dfrac{d\delta^3 F_G}{3\mu l\pi d^2}=\dfrac{4\times 0.02\times(0.05\times 10^{-3})^3\times 50}{(0.02^2+2\times 0.02\times 0.00005)\times 3\times 5\times 10^{-2}\times 0.07\times \pi\times 0.02^2}$$
$$=9.43\times 10^{-5}\text{（m/s）}$$

活塞上升 0.1m 所需时间：$t=\dfrac{l}{v}=\dfrac{0.1}{9.43\times 10^{-5}\times 60}=17.67$（min）

可以看出，减振器要被压缩 0.1m 需经 17.67min，表明减振器具有较强的阻尼作用，这主要归功于液压油的高黏度。

【知识拓展】

1. 汽车液压传动的特点

汽车液压传动与其它传动形式相比较，有以下特点。

① 汽车液压系统结构紧凑、元件组合性强，有时具有非系统性。

② 与电气结合，能够适宜汽车的运行状况进行控制。

如液压式电子控制动力转向系统是在传动液压动力转向系统的基础上增设电子控制装置而构成的。该系统能够根据汽车行驶条件的变化，对助力的大小实行控制。使汽车在停车状态时得到足够大的助力，提高转向系统的操纵性。当车速增加时助力逐渐减小，进入高速状态时则无助力，使操纵有一定的"路感"，提高操纵稳定性。另外，液压系统一般工作压力不高，流量不大。

③ 在控制方面。广泛地与微电子技术和计算机技术相结合，成为控制系统执行单元。向着精密、复杂、耐用、灵敏、高可靠性的方向发展。

④ 在传动方面。适合大、中型车传动要求，工作更加可靠、操作更加方便、舒适，且性能稳定，无泄漏。

⑤ 在燃料、润滑油传输方面。向着供给精确、稳定、可靠，无泄漏、无污染的方向发展。

⑥ 在元件加工制造方面。向着精度高、组合（多元件功能）性强、工作灵敏、安全可

靠、寿命长的方向发展。

2. 汽车液压系统常用液压油

随着汽车技术的发展，现代汽车上的许多机构，广泛采用了液压传动。如自动变速器、液压制动系统、液压式动力转向系统、液压减振器、自动倾卸机构等均采用液压传动装置。为保证汽车液压系统的正常工作，必须根据各自机构的工作特点选取不同类型的液压油。

（1）液力传动油

汽车液力传动油又称自动变速器油（ATF，Automatic Transmission Fluid），通用型液力传动油呈紫红色，有些呈淡黄色等。它是汽车自动变速器和动力转向系统中的工作介质。它不仅起到传递力的作用，而且还起着对齿轮、轴承等摩擦副的润滑、冷却作用。

液力传动油除具有齿轮润滑油的性能外，还应具有适宜的黏度和良好的黏温性、良好的热氧化安定性、良好的抗泡沫性、抗磨性、摩擦特性及密封适应性等使用性能。

国外液力传动油的分类是按照ASTM（美国材料试验学会）和API（美国石油学会）的分类方案，将液力传动油分为PTF（Power Transmission Fluid）-1、PTF-2、PTF-3三类。液力传动油的分类见表1-1。

表1-1 液力传动油分类

国外分类	国内分类	应 用
PTF-1	8号	轿车、轻型货车的自动变速器
PTF-2	6号	重型货车、履带车、农用车、越野车的自动变速器
PTF-3		农业及建筑机械的液力传动系统

液力传动油的选用必须严格按车辆使用说明书的规定，选用适合品种的液力传动油。若无说明书的车辆，轿车、轻型货车应选用8号液力传动油；而重型货车、工程机械的液力传动系统，则可选用6号液力传动油。

（2）汽车制动液

汽车制动液也称刹车油，它是一种用于汽车液压制动系统或离合器液压操纵机构中传递液压力的工作介质。由于汽车制动系统的可靠性直接影响到行车安全，因此要求制动液必须安全可靠、质量高、性能好，并且要在各种条件下四季通用。对制动液的性能要求还有：优良的高温抗气阻性；良好的低温流动性和黏温性；与橡胶良好的适应性；对金属的低腐蚀性；良好的化学安定性；抗泡沫性等。

制动液按其组成和特性不同，一般分为醇型、矿物油型和合成型三类。其中合成型制动液是目前广泛应用的主要品种，合成型制动液由基础液、润滑剂和添加剂组成。按其基础液的不同，合成型制动液有醇醚制动液、酯制动液和硅油制动液三种。醇醚制动液基础液的主要成分为聚乙二醇醚，其性能稳定，成本低，是目前用量最大的一种制动液。酯制动液因其沸点高，主要用于湿热环境下。硅油制动液具有高性能，其成本较高，目前尚未普及应用，只在军车等车辆上使用。

我国按照国家标准GB 12981—2003《机动车辆制动液》将汽车用制动液分成HZY3、HZY4、HZY5三种产品。

一般根据使用环境条件和车辆速度性能来选用适合的汽车制动液。环境条件主要是指气温、湿度和道路条件等，在湿热条件下，一般应选用HZY3或HZY4合成制动液。高速车辆或常在市区行驶的车辆，制动液工作温度较高，应使用级别较高的制动液。

(3) 其它类型液压油

汽车液压系统使用的液压油如无特殊要求的，可按国家标准规定的润滑剂和有关产品（L类）中的H组（液压系统）分类来选取，汽车液压系统常用的液压油品种主要有L-HL、L-HM、L-HV和L-HR液压油等。L-HL是一种精制矿物油，是能改善防锈和抗氧化性的润滑油，常用于低压系统和传动装置中，在0℃以上环境下使用；L-HM是抗磨型液压油，它适合于低、中、高压系统，适用的环境温度为−5～60℃；L-HV是低温抗磨型液压油，适合用于环境温度变化大或工作条件恶劣的低、中、高压液压系统中，如野外作业的工程车辆、军车等；L-HR也是低温抗磨型液压油，性能与L-HV液压油相似，只是在黏温性能方面略有改善。

3. 液压冲击及气穴现象

(1) 液压冲击

在液压系统工作过程中，管路中流动的液体往往会因执行部件换向或阀门关闭而突然停止运动。由于液流和运动部件的惯性，在系统内会产生很大的瞬时压力峰值，这种现象叫做液压冲击。液压冲击会引起振动和噪声。其压力峰值可超过工作压力的几倍，有时使某些液压元件，如压力继电器、顺序阀等产生错误动作而影响系统正常工作，甚至可能使某些液压元件、密封装置和管路损坏。因此，应找出产生液压冲击的原因，并能估算出压力峰值，以便找出防止和减小液压冲击的措施。

防止液压冲击常用的主要措施有：设计缓冲装置；减慢液压系统中液流的换向速度；在易产生液压冲击的地方使用蓄能器、溢流阀、减压阀等液压元件进行吸振，以减轻液压冲击。

(2) 气穴现象

在液压传动中，液压油总是含有一定量的空气。空气可溶解在液压油中，也可以气泡的形式混合在液压油中。对于矿物型液压油，常温时在一个大气压下约含有6%～12%的溶解空气。如果某一处的压力低于空气分离压力时，溶解于油中的空气就会从油中分离出来形成气泡，当压力降至油液的饱和蒸气压力以下时，油液就会沸腾而产生大量气泡。这些气泡混杂在油液中，使得原来充满导管和元件容腔中的油液成为不连续状态，这种现象称为气穴现象。

在液压系统中，泵的吸油口及吸油管路中的压力低于大气压力容易产生气穴现象。油液流经节流口等狭小缝隙处，由于速度增加，压力下降至空气分离压力以下时，也会产生气穴现象。气穴现象产生的气泡，随着油液运动到高压区时，气泡在高压油作用下迅速破裂，并又凝结成液体，使体积突然减小而形成真空，周围高压油高速流过来补充。由于这一过程是在瞬间发生的，因而引起局部液压冲击，压力和温度都急剧升高，并产生强烈的噪声和振动。在气泡凝结区域的管壁及其它液压元件表面，因长期受冲击压力和高温作用，以及从油液中游离出来的空气中的氧气的酸化作用，使零件表面受到腐蚀，这种因气穴现象而产生的零件腐蚀，称为气蚀。

为了防止气穴现象的产生，在液压元件和液压系统设计时，对于液压泵来说，要正确设计泵的结构参数和泵的吸油管路。对于元件和系统管路，应尽量避免油道狭窄或急剧转弯，以防止产生低压区。另外，应合理选择液压元件的材料，增加零件的机械强度，提高零件表面质量等，以提高抗腐蚀能力。

4. 液体流动压力损失

液体在管路中流动时产生的压力损失可以分为两种：一种是液体在等径直管中流动时因摩擦而产生的压力损失，称为沿程压力损失；另一种是由于管路的截面突然变化，液流方向改变或其它形式的液流阻力（如控制阀阀口）而引起的压力损失，称为局部压力损失。每一种压力损失都与管路中液体的流动状态有关。

液体的流动状态有层流和紊流。

层流和紊流是两种不同性质的流态。层流时，液体流速较低，质点受黏性制约，不能随意运动，黏性力起主导作用；紊流时，液体流速较高，黏性的制约作用减弱，惯性力起主导作用。

液体流动时究竟是层流还是紊流，须用雷诺数来判别。

在液压系统中，管路一般都不长，而控制阀口及弯头、管接头等处的局部阻力则较大，和局部损失相比，沿程损失所占比例较小。所以，一般情况下，总的压力损失以局部压力损失为主。

汽车液压系统中，常采用以下方法来减少管路中的压力损失：提高液压系统中管路内壁的光洁度；尽量缩短管路的使用长度；减少液压系统中管路截面的突变和弯曲。

学习小结

本情境主要介绍了汽车液压传动基础知识，包括汽车液压系统的工作原理及结构组成、液压传动的静力学和动力学基础知识。

自我评估

1. 填空题

（1）汽车液压系统由 _____、_____、_____、_____ 和 _____ 五部分组成。

（2）静力学基本方程式的物理意义是 _____。

（3）液体动力学基础的三大方程是 _____、_____ 和 _____。

（4）汽车减振器的工作原理是利用液体流经缝隙产生 _____ 的作用。

（5）液压油的黏性是指液体在 _____ 时，液体内部的摩擦力作用，因此液体 _____ 时无黏性。

2. 选择题

(1) 下列关于汽车液压传动特点错误的说法是（　　）。
A. 可以在运行中实现大范围的无级调速　　B. 便于查找故障，维护方便
C. 液压元件都是标准化、系列化产品　　D. 便于实现自动工作循环和自动过载保护

(2) 压力表测得的液压油压力值为（　　）。
A. 绝对压力　　B. 相对压力　　C. 真空度　　D. 大气压力

(3) 液压油的黏度对（　　）比较敏感。
A. 温度　　B. 湿度　　C. 负载　　D. 油压

3. 判断题

（　　）(1) 作用在活塞上的推力越大，活塞的运动速度越快。

（　　）(2) 液压系统压力的大小取决于液压泵的额定工作压力。

（　）（3）液压系统某处有几个负载并联时，则压力的大小取决于负载的最大值。

（　）（4）温度越高，液压油的黏度越大。

（　）（5）汽车液压系统一般为中低压系统。

4. 问答题

（1）汽车液压系统有何特点？

（2）如图1-2中的液压千斤顶，如果小液压缸活塞的直径 $d=10mm$，大液压缸活塞的直径 $D=50mm$，并顶起重物重量为1000N，那施加在小液压缸上的力为多少？大、小液压缸运动速度哪一个快？比慢的快多少倍？

评价标准

本学习情境的评价内容包括专业能力评价、方法能力评价及社会能力评价3个部分。其中自我评分占30%、组内相互评分占35%、教师评分占35%，总计为100%，见下表。

学习情境1　综合评价表

种类	项目	内容	配分	考核要求	扣分标准	自我评分30%	组内评分35%	教师评分35%
专业能力评价	任务实施计划	1. 实训的态度及积极性 2. 实训方案制订及合理性 3. 安全操作规程遵守情况 4. 考勤、遵守纪律情况 5. 完成技能训练报告	30	实训目的明确，积极参加实训，遵守安全操作规程和劳动纪律，有良好的职业道德和敬业精神；技能训练报告符合要求	实训计划占5分；安全操作规程占5分；考勤及劳动纪律占5分；技能训练报告完整性占15分			
	任务实施情况	1. 汽车液压系统组成部分识别 2. 汽车液压千斤顶举升力及速度计算 3. 汽车液压传动静力学及动力学基础知识 4. 任务的实施规范化，安全操作	30	能建立简单汽车液压系统，识别液压系统组成部分；能计算汽车减振器减振效果；能顺利拆解减振器；任务实施符合安全操作规程而且功能实现完整	汽车液压系统建立并识别组成部分占10分；拆解汽车减振器占10分；任务实施完整性占10分			
	任务完成情况	1. 相关工具的使用 2. 相关知识点的掌握 3. 任务的实施完整情况	20	能正确使用相关工具；掌握相关的知识点；具有排除异常情况的能力并提交任务实施报告	工具的整理及使用占10分；知识点的应用及任务实施完整性占10分			
方法能力评价		1. 计划能力 2. 决策能力	10	能够查阅相关资料制订实施计划；能够独立完成任务	查阅相关资料能力占5分；选用方法合理性占5分			
社会能力评价		1. 团结协作 2. 敬业精神 3. 责任感	10	具有组内团结合作、协调能力；具有敬业精神及责任感	团结合作、协调能力占5分；敬业精神及责任心占5分			
合计			100					

学习情境 2
液压元件识别与选用

学习目标

能力目标
- 能识别常用液压泵,能正确选用液压泵。
- 能识别常用液压马达和液压缸,能正确选用液压马达和液压缸。
- 能识别常用液压控制阀,能正确选用液压控制阀。
- 能识别液压辅助元件,能正确选用液压辅助元件。

知识要求
- 了解液压元件在汽车工程中的应用。
- 掌握汽车液压系统应用的典型液压控制阀的图形符号及工作原理。
- 掌握液压元件特点及性能参数。
- 了解液压元件的选择方法。

技能要求
- 理解液压与气压元件铭牌参数的含义,熟悉汽车液压元件的结构、工作原理及用途。能够正确选用液压元件。

任务 2.1 液压动力元件识别与选用

【任务描述】

图 2-1 所示是汽车液压动力转向系统的示意图,该系统可为转向系统转向时提供助力。转向助力的液压元件有转向油泵 5、转向油管 4、转向油罐 6、转向器 10 内部的转向控制阀及转向动力缸等。当驾驶员转动方向盘 1 时,通过转向轴 2 和转向中间轴 3 带动转向器 10 运转,使转向摇臂 9 摆动,通过转向直拉杆 11、转向横拉杆 8、转向节臂 7,使转向轮偏转,从而改变汽车的行驶方向。

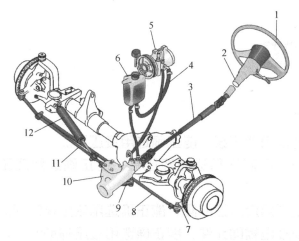

图 2-1 汽车液压动力转向系统的示意图
1—方向盘;2—转向轴;3—转向中间轴;4—转向油管;5—转向油泵;
6—转向油罐;7—转向节臂;8—转向横拉杆;9—转向摇臂;
10—转向器;11—转向直拉杆;12—转向减振器

【任务分析】

驾驶员在转向时,液压动力转向系统可以额外地提供液压作用力作用到转向机构上,帮助驾驶员实施转向。这样,为了克服地面作用于转向轮上的转向阻力矩,驾驶员需要加于转向盘(方向盘)上的转向力矩,比用机械转向系统时所需的转向力矩小得多。

重型汽车、大型客车、越野车以及轿车普遍采用这样的液压动力转向装置。那么这种液压动力转向系统是如何保证汽车动力转向系统安全可靠、转向灵敏、准确传递"路感"和自动回正的呢?

实际上,汽车转向系统的正常工作是通过液压系统的各部分元件的工作实现的,其中动力元件即液压泵为液压系统提供动力。本任务主要对液压泵进行识别和选用。

【知识准备】

1. 液压泵工作原理

液压泵是把驱动电动机的机械能转换成液压系统中油液的压力能,供系统使用。液压泵是靠密封工作腔的容积变化进行工作的，其输出流量的大小由密封工作容积变化大小来决定，所以这种泵称为容积泵。

液压泵的工作原理如图2-2所示。当偏心轮1由电动机带动按图示方向旋转时，柱塞2做往复运动。当柱塞右移时，密封工作腔4的容积逐渐增大，形成局部真空，油箱中的油液在大气压力作用下，通过单向阀5进入工作腔4中，这是吸油过程。当柱塞左移时，工作腔4的容积逐渐减小，使腔内液体的压力升高，打开单向阀6进入系统，这是压油过程。随着偏心轮的连续地旋转，泵就不断地吸油和压油。液压泵能完成吸油和压油的泵油过程，必须具备四个条件：具有密封的容积；密封容积的大小能交替变化；在进行吸油和压油时，应有配流装置，保证泵油过程的顺利进行；吸油过程中，油箱必须与大气相通。

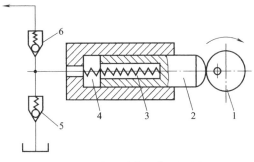

图2-2　液压泵的工作原理图
1—偏心轮；2—柱塞；3—弹簧；4—密封工作腔；5,6—单向阀

2. 液压泵的性能参数

（1）输出压力和额定压力

液压泵的输出压力是指其工作时的压力。额定压力是指液压泵在正常工作条件下，按试验的标准规定，能连续运转的最高压力。输出压力超过额定压力就为过载。

（2）排量和流量

液压泵的排量是指泵轴转一转时，密封容积的变化量。即在无泄漏的情况下，泵轴转一转所能排出的液体体积。排量用V表示。单位为L/r。

液压泵的理论流量是指泵在单位时间内理论上可排出的液体体积。用q_t表示。当泵的转速为n时，它等于排量V与转速n的乘积，即

$$q_t = Vn \tag{2-1}$$

在液压泵的工作过程中，单位时间内实际排出的液体的量为实际流量。由于存在泄漏，泵的实际输出流量小于理论流量，实际流量和理论流量的比值称为容积效率η_V，即

$$\eta_V = \frac{q}{q_t} = \frac{q_t - \Delta q}{q_t} = 1 - \frac{\Delta q}{q_t} \tag{2-2}$$

式中　q——实际输出流量，L/s；

Δq——泵的泄漏量，L/s。

在一定范围内，泵的泄漏量随泵的工作压力的增高而线性增大，所以泵的容积效率随着泵的工作压力升高而降低。液压泵的额定流量是指在额定转速和额定压力下输出的流量。

（3）功率和总效率

泵是将机械能转换成液压能的能量转换装置，我们用液压泵的输出压力和输出流量的乘积来表示液压泵的输出功率。理想情况下，机械能全部转变为液压能，则输入功率等于输出功率，即理论功率是

$$P_t = T_t \omega = p q_t \tag{2-3}$$

将式（2-1）代入，得

$$T_t = \frac{pV}{2\pi} \tag{2-4}$$

式中　P_t——理论功率，N·m/s；
　　　T_t——液压泵的理论转矩，N·m；
　　　ω——液压泵的角速度，rad/s；
　　　p——液压泵的输出压力，N/m²。

实际上泵内有各种机械和液压摩擦损失，泵的理论转矩 T_t 应小于实际输入转矩 T，二者的比值为液压泵的机械效率，即

$$\eta_m = \frac{T_t}{T} = \frac{T - \Delta T}{T} = 1 - \frac{\Delta T}{T} \tag{2-5}$$

式中　ΔT——液压泵的损失转矩，N·m。

液压泵的总效率等于泵的输出功率与输入功率之比，即

$$\eta = \frac{pq}{T\omega} \tag{2-6}$$

将上述有关式代入式（2-6），化简得

$$\eta = \eta_V \eta_m \tag{2-7}$$

由式（2-7）可知，液压泵的总效率等于容积效率与机械效率的乘积。

（4）电动机功率

液压泵通过电动机来驱动，具体选择所需电动机功率时，可按下式计算

$$P_m = \frac{P}{\eta} = \frac{pq}{\eta_V \eta_m} \tag{2-8}$$

式中　P_m——电动机功率，kW。

其余符号意义同前。常用单位换算：1kW=102kgf·m/s（1kgf=9.80665N）。

3. 液压泵的分类

液压泵的类型很多。按结构形式分，常用的有齿轮泵、叶片泵、柱塞泵等。按泵的排量是否可以改变分：定量泵和变量泵。汽车上常用的液压泵有外啮合齿轮泵、内啮合齿轮泵、摆线转子泵和叶片泵等定量泵，也有少数车型采用变量叶片泵。液压泵的图形符号见图 2-3。

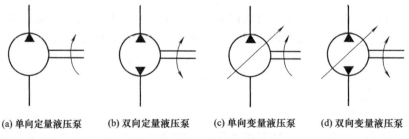

(a) 单向定量液压泵　　(b) 双向定量液压泵　　(c) 单向变量液压泵　　(d) 双向变量液压泵

图 2-3　液压泵的图形符号

（1）齿轮泵

齿轮泵由于结构简单紧凑、体积小、重量轻、工艺性好、价格便宜、自吸能力强、对油液污染不灵敏、维修方便及工作可靠等优点，在汽车上得到了广泛的应用。其缺点是泄漏较大，流量脉动大，噪声较高，径向不平衡力大，所达到的额定压力还不够高。但通过结构上的改进后，也可以达到较高的工作压力，目前其最高工作压力可达 30MPa。齿轮泵按结构形式分为外啮合和内啮合两种。

① 外啮合齿轮泵　如图 2-4（b）所示为外啮合齿轮泵的工作原理图。泵的泵体内装有一对相同的外啮合齿轮，齿轮两侧靠端盖密封。泵体、端盖和齿轮的各个齿间槽组成了许多

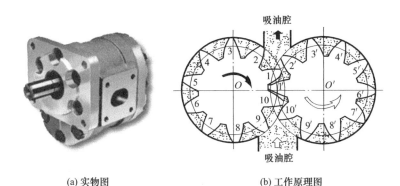

(a) 实物图　　　　　　　(b) 工作原理图

图 2-4　外啮合齿轮泵

密封工作腔。

当齿轮按图示方向旋转时，下侧吸油腔由于相互啮合的轮齿逐渐脱开（如图中的轮齿 10 从轮齿 1′ 和 10′ 之间退出），使吸油腔容积由小变大，形成一定的真空度，油箱中的油液便在大气压的作用下进入吸油腔，将齿槽充满，并随着齿轮旋转，被带到上侧的排油腔。在排油腔内，由于轮齿逐渐进入啮合（如图中轮齿 1 进入轮齿 1′ 和 2′ 之间），密封工作腔容积由大变小，油液便被排出。随着齿轮不断地旋转，泵的吸油和排油就连续地进行，油液被源源不断输送出去。

② 内啮合齿轮泵　内啮合齿轮泵有渐开线齿轮泵和摆线齿轮泵（摆线转子泵）两种。它们的工作原理和主要特点与外啮合齿轮泵完全相同。在渐开线齿形的内啮合齿轮泵中，小齿轮和内齿轮之间要装一块隔板 3，以便把吸油腔 1 和排油腔 2 隔开，如图 2-5（b）所示。

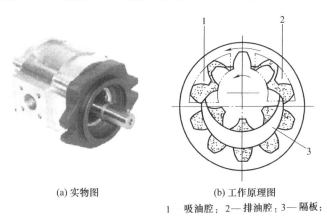

(a) 实物图　　　　　　　(b) 工作原理图
1—吸油腔；2—排油腔；3—隔板；

图 2-5　渐开线内啮合齿轮泵

内啮合齿轮泵结构紧凑，尺寸小，重量轻，由于齿轮转向相同，相对滑动速度小，磨损小，使用寿命长，流量脉动远比外啮合齿轮泵小，因而压力脉动和噪声都较小；内啮合齿轮泵容许使用高转速（高转速下的离心力能使油液更好地充入密封工作腔），可获得较大的容积效率。摆线内啮合齿轮泵结构更简单，而且由于啮合的重叠系数大，传动平稳，吸油条件更为良好。内啮合齿轮泵的缺点是齿形复杂，加工精度要求高，需要专门的制造设备，造价较贵。汽车自动变速器上采用的液压泵大都是内啮合的齿轮泵。

摆线转子泵的额定压力一般为 2.5MPa、4MPa，这种泵作为补油泵和润滑泵使用。广泛应用于大、中型车辆的液压转向系统中。

图 2-6 所示为摆线转子泵。结构中的内转子 1 靠轴承 6 定位，外转子靠泵体 4 配合定位，泵体和前、后盖用锥销定位，以保证内外转子的偏心量和轴承的轴度。在前后盖上对应于吸油区和排油区开挖配油窗口，并在前盖上钻有进油口和出油口。在后盖上开挖配油口是为了保持转子两端面轴向压力的平衡。

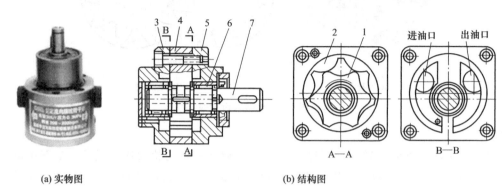

(a) 实物图　　　　　　　　　　　(b) 结构图

1—内转子；2—外转子；3—前盖；4—泵体；5—后盖；6—滚针轴承；7—主动轴

图 2-6　摆线转子泵

（2）叶片泵

叶片泵按其每个工作腔在泵每转一周时吸油、排油的次数，分为单作用式和双作用式两类。单作用式常作变量泵使用，双作用式只能作定量泵使用。

叶片泵具有结构紧凑、运动平稳、噪声小、输油均匀、寿命长等优点，广泛应用于汽车液压动力转向系统中，其工作压力一般为 6～21MPa。

① 单作用式叶片泵　图 2-7 所示为单作用式叶片泵的工作原理。泵由转子 2、定子 3、叶片 4、配油盘和端盖（图中未示）等部件所组成。定子的内表面是圆柱形孔。转子和定子偏心安装。叶片在转子的槽内可灵活滑动，在转子转动时的离心力以及通入叶片根部压力油的作用下，叶片顶部贴紧在定子内表面上，于是两相邻叶片、配油盘、定子和转子间便形成了一个个密封的工作腔。当转子按图示方向旋转时，图右侧的叶片向外伸出，密封工作腔容积逐渐增大，产生真空，于是通过进油口 1 和配油盘上窗口将油吸入。而在图的左侧，叶片往里缩进，密封腔的容积逐渐缩小，密封腔中的油液经配油盘另一窗口和排油口 5 被排出而输到系统中去。这种泵在转子转一转的过程中，吸油、排油各一次，故称单作用式叶片泵；

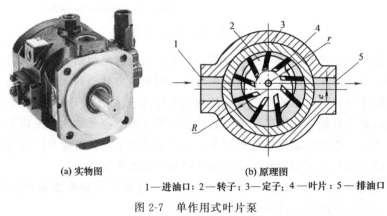

(a) 实物图　　　　　　　　　(b) 原理图

1—进油口；2—转子；3—定子；4—叶片；5—排油口

图 2-7　单作用式叶片泵

转子上受有单方向的液压不平衡作用力，故又称非平衡式泵，其轴承负载较大。改变定子和转子间偏心量，便可改变泵的排量，故这种泵都是变量泵。

单作用式叶片泵的流量也是有脉动的，泵内叶片数越多，流量脉动率越小。此外，奇数叶片的泵的脉动率比偶数叶片的泵的脉动率小，所以单作用式叶片泵的叶片数总取奇数，一般为13片或15片。

在单作用式叶片泵中，为保证叶片顶部可靠地和定子内表面相接触，排油腔一侧的叶片底部要通过特殊的沟槽和排油腔相通，吸油腔一侧的叶片底部要和吸油腔相通。另外，单作用式叶片泵在工作时，转子受不平衡的径向液压作用力，故轴承将承受较大的负载，其寿命较短，不宜用于高压系统，宜用于汽车液压转向系统等中、低压系统中。

② 双作用式叶片泵　如图2-8所示为双作用式叶片泵，它的工作原理和单作用式叶片泵相似，不同之处只在于定子内表面由两段长半径圆弧、两段短半径圆弧和四段过渡曲线八个部分组成，且定子和转子是同心的。在图示转子顺时针方向旋转的情况下，密封工作腔的容积在左上角和右下角处逐渐增大，为吸油区；在左下角和右上角处逐渐减小，为排油区；吸油区和排油区之间有一段封油区把它们隔开。这种泵的转子每转一转，每个密封工作腔完成吸油和排油动作各两次，所以称为双作用式叶片泵。泵的两个吸油区和两个排油区是径向对称的，作用在转子上的液压力径向平衡，所以又称为平衡式叶片泵。此类泵一般都为定量泵。

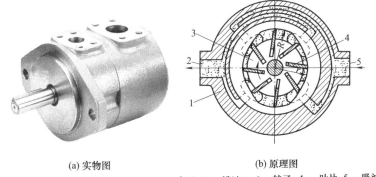

(a) 实物图　　　　　(b) 原理图
1—定子；2—排油口；3—转子；4—叶片；5—吸油口

图2-8　双作用式叶片泵

双作用式叶片泵瞬时流量是脉动的，当叶片数为4的倍数时最小。为此双作用式叶片泵的叶片数一般都取12片或16片。双作用式叶片泵的转子承受的径向液压力是平衡的，轴承所受的力较小，故寿命长，自吸能力好，对油液污染较敏感，适用于中、高压系统中。富康轿车液压动力转向系统中的转向油泵即为此类泵。

（3）柱塞泵

柱塞泵具有结构紧凑、加工方便、单位功率体积小、容积效率高、工作压力高、易实现变量等优点，故可在高压系统中使用；其缺点是结构复杂、造价高、对油液的污染敏感、使用和维修要求严格。这类泵在自卸汽车、起重运输车辆等液压系统中应用广泛。

柱塞泵分为轴向柱塞泵和径向柱塞泵两类。轴向柱塞泵又分为直轴式（斜盘式）和斜轴式两种。其中直轴式应用较广。

斜盘式轴向柱塞泵的工作原理如图2-9所示。泵由斜盘1、柱塞2、缸体3、配油盘4等主要零件组成。斜盘1和配油盘4是不动的，传动轴5带动缸体3、柱塞2一起转动，柱塞

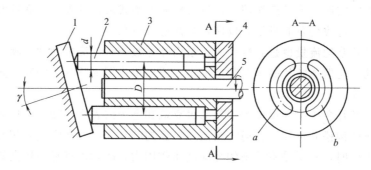

图 2-9 斜盘式轴向柱塞泵工作原理图
1—斜盘；2—柱塞；3—缸体；4—配油盘；5—传动轴

2 靠机械装置或在低压油作用下压紧在斜盘上。当传动轴按图示方向旋转时，柱塞 2 在其自下而上回转的半周内逐渐向外伸出，使缸体内密封工作腔容积不断增加，产生局部真空，从而将油液经配油盘 4 上的配油窗口 a 吸入；柱塞在其自上而下回转的半周内又逐渐向里推入，使密封工作腔容积不断减小，将油液从配油盘窗口 b 向外排出。缸体每转一转，每个柱塞往复运动一次，完成一次吸油、排油动作。改变斜盘的倾角 γ，可以改变柱塞往复行程的大小，因而也就改变了泵的排量。

斜盘式轴向柱塞泵的脉动较小，尤其当柱塞数为单数时，脉动更小，因此一般常用的柱塞数为 7、9 或 11。

斜盘式轴向柱塞泵的结构见图 2-10 所示。传动轴 8 与缸体 5 用花键连接，带动缸体转动，使均匀分布于缸体上的 7 个柱塞 9 绕传动轴的中心线连续转动。每个柱塞一端有个滑靴 12，由弹簧 3 通过内套 2，经钢珠 13 及回程盘 14，将滑靴压紧在与轴线成一定斜角的斜盘 15 上。当缸体旋转时，柱塞连续转动的同时，在其所在的槽内做直线往复运动，完成吸油和排油过程。旋转手轮 19 使丝杆 18 转动时，变量活塞 17 沿轴向移动，通过轴销 16 使斜盘 15 旋转，从而使斜盘倾角改变，达到变量的目的。

(a) 实物图　　(b) 结构图
1—中间泵体；2—内套；3—弹簧；4—缸套；5—缸体；6—配油盘；7—前泵体；8—传动轴；
9—柱塞；10—外套；11—轴承；12—滑靴；13—钢珠；14—回程盘；15—斜盘；16—轴销；
17—变量活塞；18—丝杆；19—手轮；20—变量机构壳体

图 2-10 斜盘式轴向柱塞泵

【任务实施】

汽车动力转向油泵的拆装。

汽车的动力转向系统所用的转向油泵多为叶片式油泵，这种油泵具有结构紧凑、重量轻、性能稳定、转速范围大、效率高、可靠耐用、维修方便等特点。叶片式转向油泵俗称刮片泵，主要部件包括壳体转子、叶片、凸轮环、流量控制阀和储油罐等，如图2-11所示。

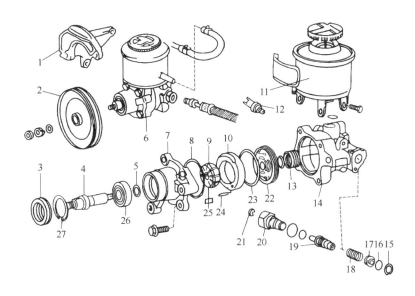

图 2-11　叶片式转向油泵

1—支架；2—皮带盘；3—油封；4—转子轴；5,15—卡环；6—转向油泵；7—前壳；8,16,23—密封圈；9—转子；10—凸轮环；11—储油罐；12—通风阀；13,18—弹簧；14—后壳体；17—弹簧座；19—流量控制阀；20—阀座；21—接头座；22—后板；24—直销；25—叶片；26—轴承；27—锁环

(1) 叶片式转向油泵的拆卸

① 将泵内液压油排放干净后，从发动机上拆下转向油泵。

② 拆散转向油泵时应在前、后壳体接合面处打上装配记号后，再拆开壳体。

③ 在拆下偏心壳时，务必使叶片不要脱开转子。

④ 拆下卡环和油封时应使用专用工具。

⑤ 拆下转子时，必须打上转子旋转方向的安装记号，皮带盘也应打上安装记号后，才能拆下皮带盘及转子轴。

(2) 转向油泵的装配

转向油泵在装配时，必须保持严格的清洁；不得因装配工作而损伤叶片、转子、凸轮环等精密零件的工作面；零件的装配标记和平衡记标相对应且位置正确；要求密封严格的接合面及其它密封部位，必须在衬垫上涂抹密封胶。

转向油泵装配后应进行部件性能试验，即功率-流量试验，试验规范应符合原厂规定，无部件性能试验条件时，必须进行动力转向系统性能的试验。

任务 2.2 液压执行元件识别与选用

【任务描述】

如图 2-12 所示的 QY-8 型汽车起重机。由于汽车轮胎的支承能力有限,在起重作业时必须放下支腿,使汽车轮胎架空,保证起重机稳定吊装。另外,吊臂能实现 360°范围内的回转。这些动作要求都要依靠液压执行元件来实现。

【任务分析】

通过对任务描述的分析可知,汽车起重机支腿伸出和缩回的动作需用能实现直线往复运动的液压缸来完成,而吊臂的回转动作需要能实现转动的液压马达来实现。液压缸和液压马达都是液压执行元件。

【知识准备】

1. 液压缸

液压缸是液压系统中常见的执行元件,它是一种把液体的压力能转换成机械能以实现直线往复运动的能量转换装置。液压缸结构简单,工作可靠,在汽车液压系统中广泛使用。

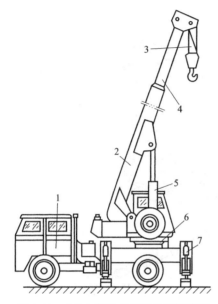

图 2-12 QY-8 型汽车起重机外形简图
1—载重汽车;2—基本臂;3—起升机构;
4—吊臂伸缩缸;5—吊臂变幅缸;
6—回转机构;7—支腿

液压缸按结构分为活塞式液压缸、柱塞式液压缸、伸缩式液压缸和组合式液压缸。液压缸除了单个使用外,还可以组合起来或和其它结构相结合,以实现特殊的功能。

(1) 活塞式液压缸

① 单活塞杆液压缸 单活塞杆液压缸只有一端有活塞杆。其结构如图 2-13(a)所示,图 2-13(b)是它的图形符号,图 2-13(c)为其实物图。

这种缸主要由缸筒 10、活塞 5、活塞杆 16、缸底 1 和缸盖 13 等组成。无缝钢管制成的缸筒与缸底焊接在一起,另一端缸盖与缸筒则用螺纹连接,以便拆装检修。两端进出油口 A 和 B 都可以通压力油或回油,以实现双向运动,故称双作用缸。如只有一端通压力油,则为单作用缸。活塞和缸筒间采用密封圈进行密封,防止压力油泄漏。

由于单活塞杆液压缸的两腔的有效工作面积不等,因此它在两个方向上的输出推力和速度也不等,如图 2-14(a)、2-14(b)所示,其值分别为

$$F_1 = (p_1 A_1 - p_2 A_2)\eta_m = \frac{\pi}{4}[(p_1 - p_2)D^2 + p_2 d^2]\eta_m \tag{2-9}$$

$$F_2 = (p_1 A_2 - p_2 A_1)\eta_m = \frac{\pi}{4}[(p_1 - p_2)D^2 - p_1 d^2]\eta_m \tag{2-10}$$

$$v_1 = \frac{q}{A_1}\eta_V = \frac{4q\eta_V}{\pi D^2} \tag{2-11}$$

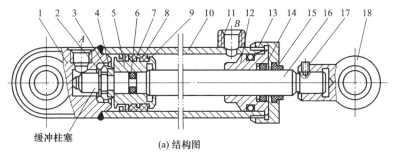

(a) 结构图

1—缸底；2—弹簧挡圈；3—套环；4—卡环；5—活塞；6—O形密封圈；7—支承环；
8—挡圈；9—Y形密封圈；10—缸筒；11—管接头；12—导向套；13—缸盖；
14—密封圈；15—防尘圈；16—活塞杆；17—定位螺钉；18—耳环

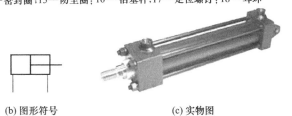

(b) 图形符号　　　　(c) 实物图

图 2-13　单活塞杆液压缸

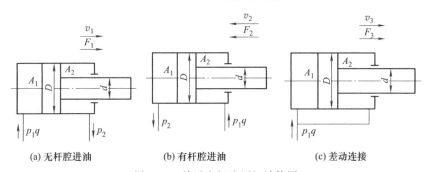

(a) 无杆腔进油　　　(b) 有杆腔进油　　　(c) 差动连接

图 2-14　单活塞杆液压缸计算图

$$v_2 = \frac{q}{A_2}\eta_V = \frac{4q\eta_V}{\pi(D^2-d^2)} \tag{2-12}$$

式中　A_1，A_2——分别为活塞的有效面积，m²；

　　　D，d——活塞、活塞杆直径，mm；

　　　q——输入流量，L；

　　　p_1，p_2——液压缸进、出口压力，Pa；

　　　η_m，η_V——液压缸的机械效率、容积效率。

当单活塞杆液压缸的有杆腔和无杆腔同时接通压力油时称为差动连接，如图 2-14（c）所示。差动连接时活塞运动的速度比正常连接时都要快，所以在需要液压缸快速运动时，一般采用差动连接。差动连接的推力和速度为

$$F_3 = (p_1 A_1 - p_1 A_2)\eta_m = \frac{\pi}{4}p_1 d^2 \eta_m \tag{2-13}$$

$$v_3 = \frac{q}{A_1-A_2}\eta_V = \frac{4q\eta_V}{\pi d^2} \tag{2-14}$$

公式中符号的意义同前。

② 双活塞杆液压缸　双活塞杆液压缸两端都有活塞杆。其结构如图 2-15（a）所示，图

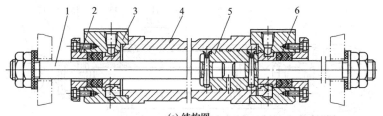

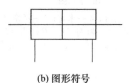

(b) 图形符号

图 2-15 双活塞杆液压缸图

2-15（b）是它的图形符号。其组成与单活塞杆液压缸相同。缸筒与缸盖用法兰连接，活塞与活塞杆用柱销连接，活塞与缸筒内壁之间则采用间隙密封。

双活塞杆液压缸的两活塞杆直径通常相等，活塞两端有效面积相同。如果供油压力和流量不变，那么活塞往复运动时两个方向的输出推力和速度相等，如图 2-15 所示，其值为

$$F_1 = F_2 = (p_1 - p_2)A\eta_m = \frac{\pi}{4}(p_1 - p_2)(D^2 - d^2)\eta_m \tag{2-15}$$

$$v_1 = v_2 = \frac{q}{A}\eta_V = \frac{4q\eta_V}{\pi(D^2 - d^2)} \tag{2-16}$$

公式中的符号意义同前。

（2）柱塞式液压缸

图 2-16（a）所示为柱塞式液压缸结构图，它只能实现一个方向的运动，反向运动要靠外力来推动。为能实现双向运动，通常成对反向布置使用。这种液压缸中的柱塞和缸筒不接触，运动时由缸盖上的导向套来导向，因此缸筒的内壁不需精加工。其特别适合于行程较长的场合。

柱塞式液压缸的输出推力和速度为

$$F = \frac{\pi}{4}pd^2\eta_m \tag{2-17}$$

$$v = \frac{q}{A}\eta_V = \frac{4q\eta_V}{\pi d^2} \tag{2-18}$$

式中　d——柱塞直径。其它符号意义同前。

（3）伸缩缸

伸缩缸由两个或多个活塞缸套装而成，前一级活塞缸的活塞是后一级活塞缸的缸筒，伸出时可获得很长的工作行程，缩回时可保持很小的结构尺寸。一般应用在工作行程较长的场合。图 2-17 所示为一种双作用式伸缩缸。通入压力油时各级活塞按有效面积大小依次先后动作，并在输入流量不变的情况下，输出推力逐级减小，速度逐级加大，其值为

$$F_i = \frac{\pi}{4}p_1 D_i^2 \eta_{mi} \tag{2-19}$$

$$v_i = \frac{4q\eta_{Vi}}{\pi D_i^2} \tag{2-20}$$

式中　i——第 i 级活塞缸。

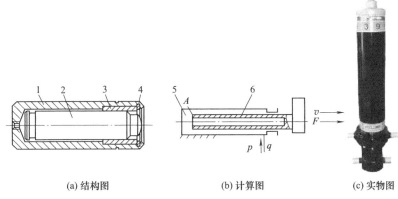

(a) 结构图　　　　(b) 计算图　　　　(c) 实物图

图 2-16　柱塞式液压缸

1,5—缸筒；2,6—柱塞；3—导向套；4—弹簧圈

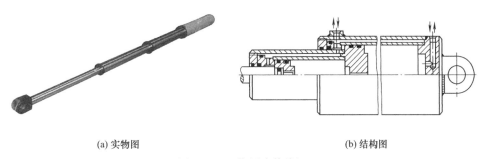

(a) 实物图　　　　　　　　　(b) 结构图

图 2-17　双作用式伸缩缸

2. 液压马达

液压马达是把液压能转换为机械能的元件。下面以斜盘式轴向柱塞液压马达为例说明液压马达的工作原理。如图 2-18 所示，当压力油输入时，压力油使处在进油位置的柱塞顶在斜盘 1 的端面。设斜盘给柱塞的反作用力为 N，其可分解为平行柱塞轴线的轴向力 F 和垂直柱塞轴线的径向力 T，轴向力 F 与液压油压力相平衡，径向力 T 对缸体轴线产生转矩，驱动缸体旋转。所有处在进油区的柱塞都产生径向力 T，它们对缸体轴线产生的转矩驱动缸体旋转。如果改变液压马达压力油的输入方向，液压马达的转向即发生改变。

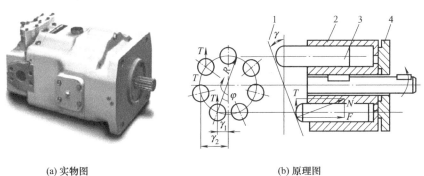

(a) 实物图　　　　　　　　　(b) 原理图

1—斜盘；2—缸体；3—柱塞；4—配油盘

图 2-18　斜盘式轴向柱塞液压马达

(1) 液压马达的性能参数

液压马达输出的是机械能，所以它的主要性能参数是转速和转矩。

① 转速　液压马达转一转所需的液体量称为液压马达的排量，用 V 表示。如果液压马达的转速为 n 时，其所需的理论流量为 q_t，液压马达的容积效率为 η_V，则液压马达的转速为

$$n = \frac{q_t}{V} = \frac{q\eta_V}{V} \tag{2-21}$$

② 转矩　在不考虑任何损失的情况下，液压马达的输入功率等于输出功率，即

$$pq_t = T_t\omega \tag{2-22}$$

式中　p——液压马达的进口压力（设液压马达的出口压力为零），N/m^2；

　　　T_t——液压马达的理论转矩，$N \cdot m$；

　　　ω——液压马达的角速度，rad/s。

由式（2-22）得出液压马达的理论转矩为

$$T_t = \frac{pq_t}{\omega} = \frac{pVn}{2\pi n} = \frac{pV}{2\pi} \tag{2-23}$$

考虑到实际运转当中的机械摩擦损失，液压马达的实际输出的转矩 T 要比理论转矩 T_t 小。设机械摩擦损失转矩为 ΔT，则液压马达的机械效率为

$$\eta_m = \frac{T}{T_t} = \frac{T_t - \Delta T}{T_t} = 1 - \frac{\Delta T}{T_t} \tag{2-24}$$

液压马达的实际输出转矩 T 为

$$T = T_t \eta_m = \frac{pV}{2\pi} \eta_m \tag{2-25}$$

(2) 液压马达的分类

与液压泵相似，从结构上分，常用的液压马达有柱塞式、叶片式和齿轮式等。从排量是否可以调节，分为定量液压马达和变量液压马达。另外，有些液压马达只能在一定的角度范围内做摆动运动，此类液压马达称为摆动式液压马达。马达的正反向转动通常靠换接进出油口来实现。如图 2-19 所示为液压马达的图形符号。

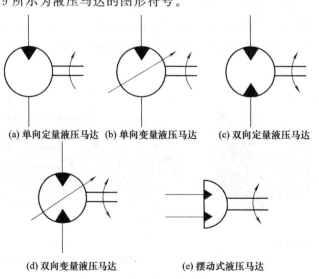

(a) 单向定量液压马达　(b) 单向变量液压马达　(c) 双向定量液压马达

(d) 双向变量液压马达　(e) 摆动式液压马达

图 2-19　液压马达的图形符号

① 齿轮式液压马达　齿轮式液压马达的工作原理如图 2-20 所示，图中 P 为两齿轮的啮合点。设齿轮齿高 h，啮合点 P 到两齿轮齿根的距离分别为 a 和 b。当压力油输入到进油腔作用在齿面上时（如图中箭头示，凡齿面两边受力平衡的部分都未表示），在两个齿轮上就各有一个使它们产生转动的作用力 $pB(h-a)$ 和 $pB(h-b)$。其中 p 为输入油液的压力，B 为齿宽。在上述作用力的作用下，两齿轮按图示方向旋转，并把油液通过回油腔排出。同时齿轮马达对外输出转矩和转速。

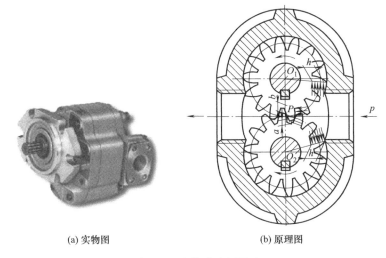

(a) 实物图　　　　　(b) 原理图

图 2-20　齿轮式液压马达

目前齿轮式液压马达可以分两类：一类是以齿轮泵为基础的齿轮马达，既可作液压泵使用又可作齿轮马达使用；另一类是专门设计的齿轮马达，与齿轮泵相比，其结构特点是：进、回油口对称，孔径相同，使正反转时性能相近；采用外泄漏油孔，把泄漏到轴承部分的油单独导回油箱，以免马达反转时回油腔变成高压腔，将轴端油封冲坏；自动补偿轴向间隙的浮动侧板，必须适应正反转都能工作的要求；困油卸荷槽必须对称开设。

齿轮式液压马达启动力矩小，低速度稳定性差。适用于汽车液压系统中的回转运动机构中。

② 双作用叶片式液压马达　双作用叶片式液压马达的工作原理如图 2-21 所示。将压力油通入马达的Ⅰ、Ⅲ窗口，并使Ⅱ、Ⅳ窗口接回油。这样，叶片 2、4、6、8 的两侧液压力

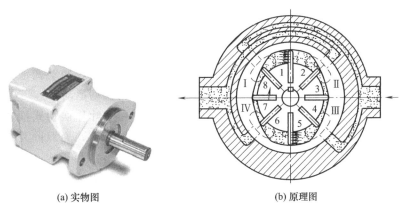

(a) 实物图　　　　　(b) 原理图

图 2-21　双作用叶片式液压马达

相等，叶片1、3、5、7的一侧接进油口，另一侧通回油口。转子受到的合力矩使转子按顺时针方向转动。定子长短径差值越大、转子直径越大、输入的油压越高时，液压马达的输出转矩也就越大。当改变输油方向时，液压马达反转。

双作用叶片式液压马达结构与双作用叶片式液压泵基本相同，但是由于用途不同，在结构上亦有所差异。其结构特点为：叶片底部装有扭力弹簧，以保证在马达启动时叶片能紧贴在定子内表面上，防止进、回油腔串通，形成密封工作腔；叶片径向放置，叶片顶端两侧均有倒角，进、出油口对称，以适应正反转要求；在泵中装有两个单向阀，以保证马达换向时，叶片底部始终受到压力油作用，使叶片与定子表面始终不脱离接触；采用外泄漏结构，泄油经泄油管引回油箱。

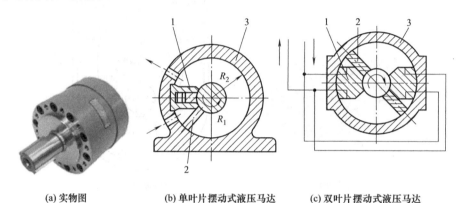

(a) 实物图　　　(b) 单叶片摆动式液压马达　　　(c) 双叶片摆动式液压马达

图 2-22　摆动式液压马达工作原理图
1—定子块；2—叶片；3—缸体

③ 摆动式液压马达　摆动式液压马达有单叶片和双叶片两种。如图2-22所示。摆动式液压马达由定子块1、叶片2、缸体3等组成。叶片与输出轴固定为一体，定子块把缸体的内腔分成两部分，当其中一腔进油时，压力油推动叶片进行摆动，叶片把另一腔内的油液推出，当叶片碰到定子块时，摆动停止。油液换向时，叶片再重新进行摆动运动，回到初始位置。油液不断地进行换向，摆动式液压马达连续地进行摆动运动。

单叶片摆动式液压马达的摆角可达300°；而双叶片摆动式液压马达的摆角小于150°，但其排量和输出的转矩为单叶片的2倍，转速则是单叶片式的一半（输入流量相同时）。

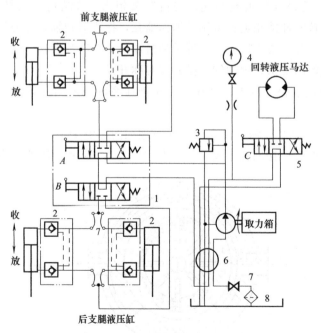

图 2-23　汽车起重机支腿收放和吊臂回转液压系统
1—手动阀组；2—液压锁；3—安全阀；4—压力表；5—手动换向阀；6—回转接头；7—开关；8—过滤器

【任务实施】

对于任务描述的汽车起重机的支腿收放动作和吊臂回转动作可以采用如图 2-23 所示的回路来实现。四个支腿的收放动作由液压缸来实现，并通过手动阀组 1 来控制，并且在伸出后通过液压锁锁止。吊臂的回转动作通过回转液压马达来实现，并通过手动换向阀 5 来控制其正反转。

任务 2.3　液压辅助元件识别与选用

【任务描述】

如图 2-12 所示的汽车起重机液压系统如能正常工作，必须有一定的辅助装置，如密封装置、过滤器、油箱、蓄能器等，这些辅助装置对系统的工作性能有直接的影响，甚至能导致系统不正常工作，因此必须给予足够的重视。

【任务分析】

常用的辅助装置有密封装置、过滤器、蓄能器、油箱、油管及管接头等。

【知识准备】

1. 密封装置

常用的密封装置主要有 O 形密封圈、Y 形密封圈、V 形密封圈及油封。如图 2-24、图 2-25 和图 2-26 所示。

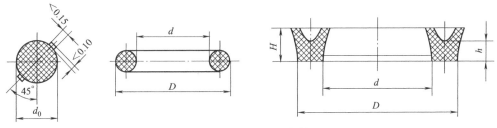

图 2-24　O 形、Y 形密封圈

2. 过滤器

过滤器的作用是过滤掉油液中的杂质，净化油液，使其污染程度控制在允许的范围内，保证液压系统能够正常工作。

过滤器的主要性能指标有：过滤精度；允许压力降；纳垢容量；过滤能力；工作压力。

过滤器的类型。过滤器按过滤方式分为表面型过滤器、深度型过滤器和中间型过滤器三种。

（1）表面型过滤器

油液通过过滤器时，过滤元件的表面与油液接触，污染粒子便积聚在滤芯元件的表面，达到过滤的目的。由于污染杂质积聚在滤芯的表面上，因此这种过滤器易被污染物阻塞，纳垢量较少。网式滤芯、线隙式滤芯、纸质滤芯等均属于此类型。

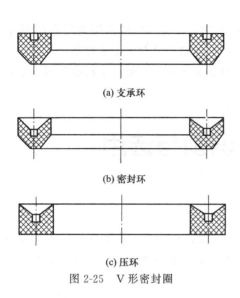

图 2-25 V形密封圈

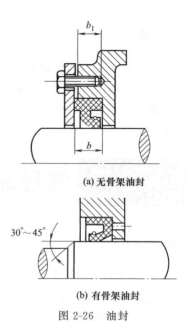

图 2-26 油封

（2）深度型过滤器

此类型的滤芯元件为有一定厚度的多孔可透性材料，内部具有曲折迂回的通道。大于表面孔径的粒子直接被拦截在滤芯元件表面上，较小的粒子则由滤芯元件内部细长而曲折的通道滤除。这种过滤器的过滤精度较高，滤芯可清洗，使用寿命长。但不能严格限制要滤除的杂质颗粒的大小，过滤材料的体积较大，压力损失也较大。人造纤维、不锈钢纤维、粉末冶金等材料的滤芯均属于此类型。

（3）中间型过滤器

此类型是介于上述两种类型之间的过滤器。在一定程度上限定了要滤除的杂质颗粒的大小，可以加大过滤面积，体积小，重量轻；但不能清洗，只能一次使用。经过特殊处理的滤纸做的滤芯属于此类型。

下面介绍几种常见的过滤器。

（1）网式过滤器

网式过滤器的结构如图 2-27 所示。它由上盖 1、下盖 4、一层或几层铜丝网 2 以及四周

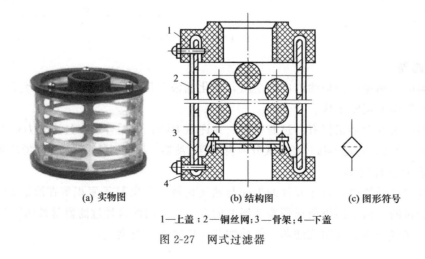

1—上盖；2—铜丝网；3—骨架；4—下盖

图 2-27 网式过滤器

开有若干大孔的金属或塑料筒形骨架3等组成。这种过滤器的过滤精度与铜丝网的网孔大小和层数有关，过滤精度为 $80\sim400\mu m$。网式过滤器通油能力大，压力损失小，容易清洗，但过滤精度不高，主要用于泵吸油口。

（2）线隙式过滤器

线隙式过滤器结构如图 2-28 所示。其滤芯采用绕在骨架上的铜丝（或铝丝）来代替网式过滤器中的铜丝网。过滤精度取决于铜丝间的间隙，故称之为线隙式过滤器。常用线隙式过滤器的过滤精度为 $100\sim200\mu m$，精密的可达 $20\mu m$，但相应的压力损失也略大。此类型的过滤器常用于液压系统的压力管道以及某些内燃机的燃油过滤系统中。图 2-28 中的 1 为发信装置，当过滤器堵塞，压力降增加时，它将发出信号，以便及时清洗或更换滤芯。

（3）纸芯式过滤器

纸芯式过滤器以处理过的滤纸作为过滤材料。为了增加过滤面积，滤芯上的纸呈波纹状，如图 2-29 所示。过滤精度为 $5\sim30\mu m$。纸芯式过滤器性能可靠，是液压系统中广泛采用的一种过滤器，但纸芯强度较低，且堵塞后不能清洗，必须更换纸芯。

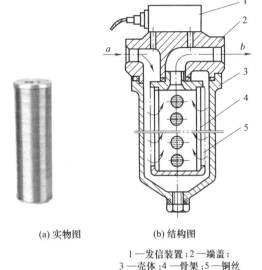

图 2-28 线隙式过滤器

1—发信装置；2—端盖；
3—壳体；4—骨架；5—铜丝

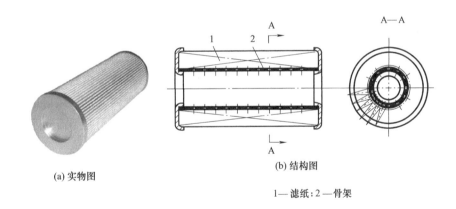

1—滤纸；2—骨架

图 2-29 纸芯式过滤器

（4）烧结式过滤器

烧结式过滤器结构如图 2-30 所示，滤芯用颗粒状青铜粉压制并烧结而成，属于深度型过滤器。过滤精度与铜颗粒间的微孔大小有关，一般在 $10\sim100\mu m$ 之间。烧结式过滤器滤芯强度较高，耐高温，性能稳定，抗腐蚀性好，过滤精度高，是一种常用的精密滤芯。但其颗粒容易脱落，堵塞后不易清洗，近年来已有逐渐被纸芯式过滤器取代的趋势。

3. 热交换器

液压系统中常用油液的工作温度以 $40\sim60℃$ 为宜，最高不大于 $65℃$，最低不小于 $15℃$。温度过高将使油液迅速变质，同时使液压泵的容积效率下降；温度过低使液压泵吸油

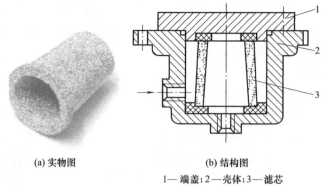

(a) 实物图　　(b) 结构图

1—端盖；2—壳体；3—滤芯

图 2-30　烧结式过滤器

困难。为控制油液温度，油箱常配有冷却器和加热器。其图形符号见图 2-31 所示。

（1）冷却器

液压系统中的功率损失几乎全部变成热量，使油液温度升高。如果油箱有足够的散热面积，最后的平衡温度就不致过高。如果散热面积不够，则需采用冷却器，使油液的平衡温度降低到合适的范围内。按冷却介质不同，冷却器可分为风冷、水冷和氨冷等多种形式。一般液压系统中主要采用前两种。

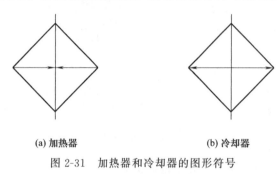

(a) 加热器　　(b) 冷却器

图 2-31　加热器和冷却器的图形符号

水冷式冷却器有蛇形管式、多管式和波纹板式等。蛇形管式冷却器如图 2-32（a）所示，它直接装在油箱内。冷却水在蛇形管内部通过，把油液的热量带走，这种冷却器结构简单，但冷却效率低，耗水量大。多管式冷却器如图 2-32（b）所示，它是一种强制对流式冷却器。水在水管中流动，而油液在水管周围流动。这种冷却器散热效率较高，但体积稍大。

风冷式冷却器由风扇和许多带散热片的管子组成。油液从管内流过，风扇迫使空气穿过管子和散热片表面，使油液冷却。它的冷却效率较水冷式低，但使用时不需要水源，比较方便，特别适用于行走机械的液压系统。

冷却器一般安装在回油路，以避免承受高压。

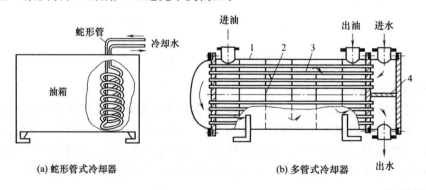

(a) 蛇形管式冷却器　　(b) 多管式冷却器

1—外壳；2—挡板；3—铜管；4—隔板

图 2-32　水冷式冷却器

（2）加热器

液压系统中油液的加热可采用蒸气加热或电加热。使用电加热器时直接和加热器接触的油液温度可能很高，会加速油液老化，所以这种电加热器应慎用。

4. 蓄能器

（1）蓄能器的功用

蓄能器的功用主要是储存油液的压力能。在液压系统中常用在以下几种情况。

① 短时间内大量供油　在间歇工作或实现周期性动作循环的液压系统中，蓄能器可以把液压泵输出的多余压力油储存起来。当系统需要时，由蓄能器释放出来。这样可以减少液压泵的额定流量，从而减小电机功率消耗，降低液压系统温升。

② 吸收液压冲击和压力脉动　蓄能器可用于吸收由液流速度和方向急剧变化所产生的液压冲击，使其压力幅值大大减小，以避免造成元件损坏。在液压泵出口处安装蓄能器，可吸收液压泵的脉动压力。

③ 维持系统压力　在液压系统中，当液压泵停止供油时，蓄能器可向系统提供压力油，补偿系统泄漏或充当应急能源，使系统在一段时间内维持压力，可避免因停电或系统故障等原因造成的油源突然中断而损坏机件。

（2）蓄能器的类型及特点

蓄能器主要有弹簧式和气体隔离式两种类型，它们的结构简图和特点见表 2-1 所示。目前气体隔离式蓄能器应用广泛。

表 2-1　蓄能器的类型及特点

名称		结构简图及图形符号	特点及说明
弹簧式		弹簧式	1. 利用弹簧的伸缩来储存、释放压力能 2. 结构简单，反应灵敏，但容量小 3. 供小容量、低压回路缓冲之用，不适用于高压或高频的工作场合
气体隔离式	气瓶式	气瓶式	1. 利用气体的压缩和膨胀来储存、释放压力能，气体和油液在蓄能器中直接接触 2. 容量大，惯性小，反应灵敏，轮廓尺寸小，但气体容易混入油内，影响系统工作平稳性 3. 只适用于大流量的中、低压回路

续表

名称		结构简图及图形符号	特点及说明
气体隔离式	活塞式	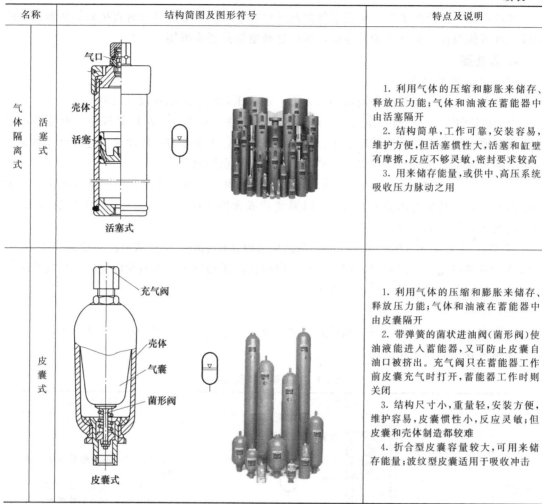	1. 利用气体的压缩和膨胀来储存、释放压力能；气体和油液在蓄能器中由活塞隔开 2. 结构简单，工作可靠，安装容易，维护方便，但活塞惯性大，活塞和缸壁有摩擦，反应不够灵敏，密封要求较高 3. 用来储存能量，或供中、高压系统吸收压力脉动之用
	皮囊式		1. 利用气体的压缩和膨胀来储存、释放压力能；气体和油液在蓄能器中由皮囊隔开 2. 带弹簧的菌状进油阀（菌形阀）使油液能进入蓄能器，又可防止皮囊自油口被挤出。充气阀只在蓄能器工作前皮囊充气时打开，蓄能器工作时则关闭 3. 结构尺寸小，重量轻，安装方便，维护容易，皮囊惯性小，反应灵敏；但皮囊和壳体制造都较难 4. 折合型皮囊容量较大，可用来储存能量；波纹型皮囊适用于吸收冲击

5. 油管和管接头

（1）油管

液压系统中使用的油管种类很多，有钢管、铜管、尼龙管、塑料管、橡胶管等，须按照安装位置、工作环境和工作压力来正确选用。油管的特点及其适用范围如表2-2所示。

表2-2 液压系统中使用油管的特点及其适用范围

种类		特点和适用范围
硬管	钢管	能承受高压，价格低廉，耐油，抗腐蚀，刚性好，但装配时不能任意弯曲；常在装拆方便处用作压力管道——中、高压用无缝管，低压用焊接管
	紫铜管	易弯曲成各种形状，但承压能力一般不超过 6.5～10MPa，抗振能力较弱，又易使油液氧化；通常用在液压装置内配油不便之处
软管	尼龙管	乳白色半透明，加热后可以随意弯曲成形或扩口，冷却后又能定形不变，承压能力因材质而异，自 2.5MPa 至 8MPa 不等
	塑料管	质轻耐油，价格便宜，装配方便，但承压能力低，长期使用会变质老化，只宜作压力低于 0.5MPa 的回油管、泄油管等
	橡胶管	高压管由耐油橡胶夹几层钢丝编织网制成，钢丝网层数越多，耐压越高，价格昂贵，用作中、高压系统中两个相对运动件之间的压力管道 低压管由耐油橡胶夹帆布制成，可用作回油管道

油管的管径不宜选得过大,以免使液压装置的结构庞大;但也不能选得过小,以免使管内液体流速加大,系统压力损失增加或产生振动和噪声,影响正常工作。

在强度保证的情况下,管壁可尽量选得薄些。薄壁易于弯曲,规格较多,装接较易;另外,采用薄壁管可减少管系接头数目,有助于解决系统泄漏问题。

(2) 管接头

管接头是油管与油管、油管与液压件之间的可拆式连接件,它必须具备装拆方便、连接牢固、密封可靠、外形尺寸小、通流能力大、压降小、工艺性好等条件。

管接头的种类很多,其规格品种可查阅有关手册。液压系统中油管与管接头的常见连接方式如表 2-3 所示。

表 2-3　液压系统中油管与管接头的常见连接方式

种类	结构简图	特点和说明
焊接式	球形头	1. 连接牢固,利用球面进行密封,简单可靠 2. 焊接工艺必须保证质量,必须采用厚壁钢管,装拆不便
卡套式	油管　卡套	1. 用卡套卡住油管进行密封,轴向尺寸要求不严,装拆简便 2. 对油管径向尺寸精度要求较高,为此要采用冷拔无缝钢管
扩口式	油管　管套	1. 用油管管端的扩口在管套的压紧下进行密封,结构简单 2. 适用于铜管、薄壁钢管、尼龙管和塑料管等低压管道的连接
扣压式		1. 用来连接高压软管 2. 在中、低压系统中应用
固定铰接	螺钉 组合垫圈 接头体 组合垫圈	1. 是直角接头,优点是可以随意调整布管方向,安装方便,占用空间小 2. 接头与管子的连接方法,除本图卡套式外,还可用焊接式 3. 中间有通油孔的固定螺钉把两个组合垫圈压紧在接头体上进行密封

【任务实施】

(1) 过滤器的选用和安装

选用过滤器时，注意事项有：过滤精度应满足预定要求；能在较长时间内保持足够的通流能力；滤芯具有足够的强度，不因液压的作用而损坏；滤芯抗腐蚀性能好，能在规定的温度下持久地工作；滤芯清洗或更换简便。因此，过滤器应根据液压系统的技术要求，按过滤精度、通流能力、工作压力、油液黏度、工作温度等条件来选定其型号。

过滤器的一般安装方法如图 2-33 所示。

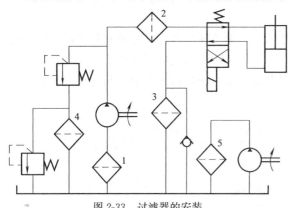

图 2-33 过滤器的安装
1—安装在液压泵吸油口；2—安装于液压泵压油口；3—安装于回油管路；4—安装在旁油路上；5—独立的过滤系统

(2) 蓄能器的容量计算

蓄能器的容量大小与其用途有关，下面以皮囊式为例进行说明。

若设蓄能器的充气压力为 p_0，蓄能器的容量，即皮囊的充气容积为 V_0，工作时要求释放的油液体积为 V，系统的最高工作压力和最低工作压力为 p_1 和 p_2，最高和最低压力下的皮囊容积为 V_1 和 V_2，则由气体状态方程有

$$p_0 V_0^K = p_1 V_1^K = p_2 V_2^K = 常数 \tag{2-26}$$

式中，K 为指数，其值由气体的工作条件决定。当蓄能器用来补偿泄漏、起保压作用时，因释放能量的速度很低，可认为气体在等温下工作，$K=1$；当蓄能器用作辅助油源时，因释放能量较快，可认为气体在绝热条件下工作，$K=1.4$。

由 $V=V_2-V_1$，可求得蓄能器的容量

$$V_0 = \frac{V\left(\frac{1}{p_0}\right)^{\frac{1}{K}}}{\left(\frac{1}{p_2}\right)^{\frac{1}{K}} - \left(\frac{1}{p_1}\right)^{\frac{1}{K}}} \tag{2-27}$$

为保证系统压力为 p_2 时，蓄能器还能释放压力油，应取充气压力 $p_0 < p_2$，对皮囊式取 $p_0 = (0.6 \sim 0.65) p_2$，这样有利于提高其使用寿命。

(3) 蓄能器的选用

蓄能器选用时应注意几点：充气式蓄能器中应使用惰性气体（一般为氮气），允许工作压力视蓄能器结构形式而定；蓄能器一般应垂直安装，油口向下；装在管路上的蓄能器须用支板或支架固定；用于吸收液压冲击和压力脉动的蓄能器应尽可能安装在振源附近；蓄能器与管路之间应安装截止阀，供充气和检修时使用。蓄能器与液压泵之间应安装单向阀，防止液压泵停车时蓄能器内压力油倒流。

任务 2.4 液压控制元件识别与选用

【任务描述】

图 2-34 所示为车载式升降台。保证升降台被升起和放下，能以不同的速度上升，下降

时防止下冲，这些功能都要通过液压控制元件来实现。

【任务分析】

液压系统是通过液压控制元件（液压控制阀）来控制调节执行元件的运动方向、运动速度和工作压力的，分别为方向控制阀、流量控制阀和压力控制阀。

【知识准备】

1. 方向控制阀

方向控制阀的工作原理较简单，从本

图 2-34 车载式升降台

质上讲，它是利用阀芯和阀体间相对位置的改变来实现阀内部某些油路的接通和断开，以满足液压系统中各换向功能的要求。方向控制阀可分为单向阀和换向阀两类。

（1）单向阀

液压系统中常用的单向阀有普通单向阀和液控单向阀两种。

普通单向阀使油液只能沿一个方向流动，反向则阻止液体流动。图 2-35（a）所示为一种管式普通单向阀的结构，图 2-35（b）所示为单向阀的图形符号。

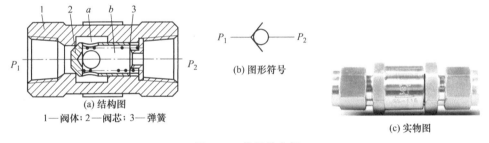

1—阀体；2—阀芯；3—弹簧

图 2-35 普通单向阀

普通单向阀的开启压力一般为 0.03～0.05MPa。如增大弹簧的弹力，使阀的开启压力达到 0.2～0.6MPa，便可当背压阀使用。单向阀可用来分隔油路，防止油路间的干扰。同时，也可安装在液压泵的入口处，防止系统中的液压冲击影响泵的工作。

图 2-36 所示为液控单向阀结构。当控制口 K 处无压力油通入时，它的工作性能和普通单向阀一样。当控制口 K 处有控制压力时，油液就可在两个方向自由通流。

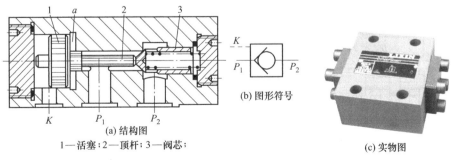

1—活塞；2—顶杆；3—阀芯

图 2-36 液控单向阀

液控单向阀具有良好的单向密封性能，常用于执行元件需要长时间保压、锁紧的情况，也用于防止立式液压缸在自重作用下下滑等。汽车起重机的支腿锁紧机构就是采用双液控单向阀来实现整个起重机支承的，在系统停止供油时，支腿仍能保持锁紧，通常把这种结构称为双向液压锁。如图 2-37 所示。

（2）换向阀

换向阀是利用阀芯相对于阀体的相对运动，达到特定的工作位置，使不同的油路接通、关闭，从而变换液压油流动的方向，改变执行元件的运动方向。对换向阀的主要性能要求有：油路导通时，压力损失要小；油路切断时，泄漏要小；阀体换位时，操纵力要小等。

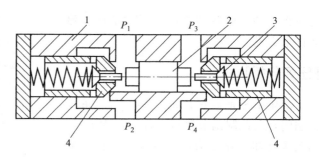

(a) 结构图

1—阀体；2—控制活塞；3—卸荷阀芯；4—锥阀(主阀芯)

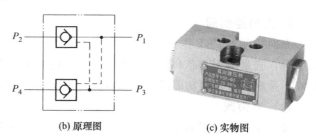

(b) 原理图　　(c) 实物图

图 2-37　双向液压锁结构原理

换向阀可按换向阀的结构、操纵方式、位置数和通路数等分类，见表 2-4。

表 2-4　换向阀分类

分类方式	类　　型
按阀的结构	转阀式、滑阀式
按阀的操纵方式	手动、机动(行程)、电磁、液动、电液动
按阀的位置数和通路数	二位二通、二位三通……三位四通、三位五通

① 工作原理和图形符号　阀体和阀芯是滑阀式换向阀的主体。其工作原理是靠阀芯在阀体内做轴向运动而使相应的油路接通和断开的。阀芯是一个具有多个台肩的圆柱体，阀体内腔中相应地开有若干个沉槽，如图 2-38 所示。图中的方框图表示了换向阀的工作位置数、通路数和在相应工作位置上油口接通的关系，如在此基础上用特定的线条表示出操纵方式、复位方式和定位方式等，就变成了换向阀的图形符号。见表 2-5。

换向阀的图形符号的含义如下。

a. 用方框表示换向阀的工作位置，有几个方框就表示有几位。

b. 一个方框的上边和下边与外部连接

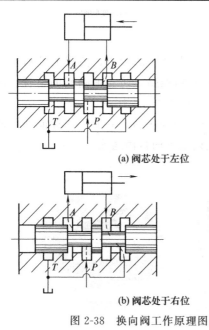

图 2-38　换向阀工作原理图

的接口数即为通路数。

c. 方框内的箭头表示此位置上油路的通断状态，但箭头的方向并不一定代表油液实际流动的方向。

d. 一般用 P 表示进油口，T 或 O 表示回油口，A、B、C 等表示与执行元件连接的油口，用 K 表示控制油口。

e. 方框内的"⊤""⊥"表示此通路被阀芯封闭，即该路不通。

表 2-5　换向阀主体部分的结构形式

名称	结构原理图	图形符号	使用场合	
二位二通阀			控制油路的接通与断开(相当于一个开关)	
二位三通阀			控制液流方向(从一个方向换成另一个方向)	
二位四通阀			不能使执行元件在任一位置上停止运动	控制执行元件换向 / 执行元件正反向运动时回油方式相同
三位四通阀			能使执行元件在任一位置上停止运动	
二位五通阀			不能使执行元件在任一位置上停止运动	执行元件正反向运动时回油方式不同
三位五通阀			能使执行元件在任一位置上停止运动	

② 换向阀的操纵方式　常见的换向阀操纵方式见表 2-6。

表 2-6　换向阀操纵方式

操纵方式	图形符号	简要说明
手动		手动操纵，弹簧复位，中间位置时阀口互不相通
机动		挡块操纵，弹簧复位，通口常闭
电磁		电磁铁操纵，弹簧复位
液动		液压操纵，弹簧复位，中间位置时四口（P、A、B、T）互通
电液动		电磁铁先导控制，液压驱动，阀芯移动速度可分别由两端的节流阀调节，使系统中执行元件能得到平稳的换向

③ 换向阀的中位机能　三位换向阀的阀芯在中间位置时，各通口间的不同接通方式称为换向阀的中位机能。不同的中位机能具有不同的工作特点，可以满足不同的工作要求。三位四通换向阀常见的中位机能形式、符号及其特点见表 2-7。

表 2-7　三位四通换向阀常见的中位机能形式、符号及其特点

中位机能形式	符号	中位通路状况、特点及应用
O 型	A B / P T	P、A、B、T 四口全封闭，液压泵不卸荷，液压缸闭锁，可用于多个换向阀的并联工作。液压缸充满油，从静止到启动平稳；制动时运动惯性引起液压冲击较大；换向位置精度高
H 型	A B / P T	四口全接通，泵卸荷，液压缸处于浮动状态，在外力作用下可移动。液压缸从静止到启动有冲击；制动比 O 型平稳；换向位置变动大
Y 型	A B / P T	P 口封闭，A、B、T 三口相通，泵不卸荷，液压缸浮动，在外力作用下可移动。液压缸从静止到启动有冲击；制动性能介于 O 型和 H 型之间
K 型	A B / P T	P、A、T 相通，B 口封闭，泵卸荷，液压缸处于闭锁状态。两个方向换向时性能不同
M 型	A B / P T	P、T 相通，A、B 口封闭，泵卸荷，液压缸闭锁，从静止到启动较平稳；制动性与 O 型相同；可用于泵卸荷液压缸锁紧的系统中
P 型	A B / P O	P、A、B 相通，O 封闭，泵与液压缸两腔相通，可组成差动连接。从静止到启动平稳；制动平稳；换向位置变动比 H 型的小，应用广泛

④ 手控阀　手控阀是汽车自动变速器液压控制系统中使用的一种换向阀，其相当于油路的总开关，由驾驶室内的换挡手柄控制。当操纵手柄处于不同位置时，手控阀使不同的油路接通和断开，获得不同的挡位。图 2-39 为手控阀工作油路示意图。当操纵手柄处于 P、R、N、D、S、L 六个工作位置时，工作油路如下。

P 位：主油路 1 关闭，油路 2、5、6 全部与泄油孔接通，无挡位，即停车挡。

R 位：主油路 1 打开，泄油孔 3 关闭。此时，油路 1、2 接通，获得倒挡。油路 5、6 与泄油孔 7 相通，无前进挡。

N 位：主油路 1 打开，油路 2、5、6 分别与泄油孔接通，变速器处于空挡。

D 位：主油路 1 打开，油路 1、5 接通，油路 2、6 分别与泄油孔接通，获得全部的前进挡。

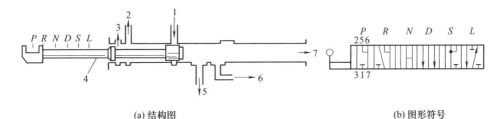

(a) 结构图　　　　　　　　　　　(b) 图形符号

图 2-39　手控阀工作油路示意图

1—主油路；2—倒挡油路；3,7—泄油孔；4—阀芯；5—前进挡油路；6—前进低挡油路

S 位：主油路 1 打开，油路 1、5、6 接通，油路 2 与泄油孔 3 接通，获得前进 1、2 挡。

L 位：油路通、断状态与 S 位相似。所不同的是油路 6 封闭了除 1 挡外的所有前进挡的

换挡阀，即 L 位只获得前进 1 挡。

⑤ 换挡阀 在自动变速器的换挡操纵手柄位于前进挡 D 位或闭锁挡位（S、L 或 2、1）时，可根据车辆行驶的不同工况自动地调节挡位，其是通过主油路的压力油作用换挡阀，在换挡阀的控制下进入不同的挡位油路来得到不同的挡位。一般一个换挡阀只控制一个前进挡油路，而前进 1 挡是靠手控阀控制，因此自动变速器中的换挡阀的个数比前进挡位总数少 1。

换挡阀实质上为液动换向阀，其控制油道的压力油由换挡电磁阀（二位二通）控制，其工作原理示意图如图 2-40 所示。当电磁阀关闭时，换挡阀中的控制油道没有压力油，换挡阀在右端弹簧力的作用下处于左端，主油道中的压力油进入到换挡执行机构中，如图 2-40（a）所示；当电磁阀接通时，主油路中的压力油经电磁阀作用到换挡阀阀芯的左端，推动阀芯向右运动，使主油路 3 和油路 4 断开，停止给换挡执行机构供油，实现换挡，如图 2-40（b）所示。图 2-40（c）和图 2-40（d）分别为图形符号和结构图。

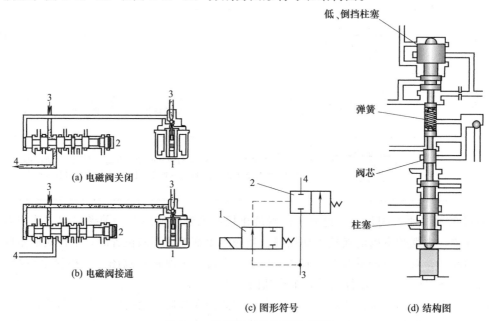

图 2-40 换挡阀工作原理示意图
1—换挡电磁阀；2—换挡阀；3—主油路；4—至换挡执行机构油路

2. 压力控制阀

在液压系统中，用来控制液压油压力和利用液压油压力来控制其它液压元件动作的阀统称为压力控制阀。此类阀的工作是利用液压力和弹簧力相平衡的原理，按其功能和用途不同可分为溢流阀、减压阀、顺序阀等。

（1）溢流阀

溢流阀是通过对油液的溢流，使液压系统的压力维持恒定，从而实现系统的稳压、调压和限压。根据结构不同，溢流阀可分为直动式和先导式两类。

① 直动式溢流阀 直动式溢流阀按其阀芯形式不同分为球阀式、锥阀式、滑阀式等。现以滑阀式为例来说明直动式溢流阀的结构和工作原理。其结构和图形符号如图 2-41 所示。它主要由阀体 5、阀芯 4、上盖 3、弹簧 2 和调节螺母 1 等元件组成。P 为进油口，T 为回油口，被控压力油由 P 口进入溢流阀，经径向孔 f、阻尼孔 g 进入油腔 c 后作用在阀芯的底面上。当进口压力较低时，阀芯在弹簧力作用下处于最下端位置，将 P 口和 T 口隔断，阀处

于关闭状态，没有溢流；当进油压力升高至作用在阀芯底面上的液压力大于弹簧力时，阀芯上升，阀口打开，油液由 P 口经 T 口排回油箱。当通过溢流阀的流量改变时，阀口开度也改变，但因阀芯的移动量很小，作用在阀芯上的弹簧力的变化也很小，因此可以认为，当有油液流过溢流阀阀口时，溢流阀进口处的压力基本上保持定值。调节螺母1，可调节弹簧的预紧力，进而改变溢流阀的溢流压力（即系统压力）。阀芯上的阻尼孔 g 对阀芯的运动形成阻尼，从而可避免阀芯产生振动，提高阀的工作平稳性。为了防止调压弹簧腔形成封闭油室而影响滑阀的动作，在上盖3和阀体上设有通道 e，使阀的弹簧腔与回油口 T 接通。

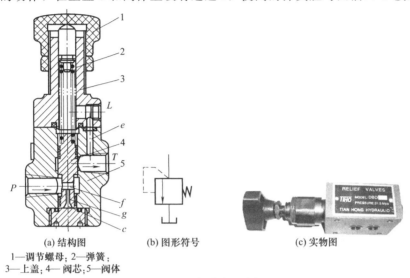

(a) 结构图　　(b) 图形符号　　(c) 实物图
1—调节螺母；2—弹簧；
3—上盖；4—阀芯；5—阀体

图 2-41　直动式溢流阀

直动式溢流阀利用作用于阀芯上的液压力直接与弹簧力相平衡的原理来控制溢流压力（直动式溢流阀由此得名）。随着工作压力的提高，直动式溢流阀上的弹簧力要增加，弹簧刚度也要增加，这就使装配困难，使用不便，并且当溢流量变化时，溢流压力的波动也将加大。所以直动式溢流阀一般只用于低压系统。

② 先导式溢流阀　先导式溢流阀由主阀和先导阀两部分组成。图 2-42 为先导式溢流阀的一种典型结构。压力油由进油腔 P 进入后作用在主阀芯的下腔 f，并经阻尼孔 e、油道 c、d 作用在先导阀阀芯上。当作用力小于调压弹簧2的预紧力时，先导阀关闭。此时，阻尼孔没有油液流动，不起阻尼作用，主阀芯的上下两腔压力相同，溢流阀不溢流。当油液的压力大于弹簧的预紧力时，先导阀打开，压力油经阻尼孔 e、油道 c、d、a 流入油箱，致使油液流经阻尼孔时产生压力降，主阀上腔压力小于下腔压力，主阀芯上移，阀口打开，实现溢流。调节先导阀弹簧2的预紧力，可调节溢流压力。

阀体上有一个远程控制口 K，当 K 口通过二位二通阀接油箱时，主阀芯在很小的液压力作用下便可打开，实现溢流，此时泵卸荷。若 K 口与另一个调节压力较低的先导阀入口连接时，便可实现远程调压的作用。

③ 溢流阀的应用　在汽车液压系统中，溢流阀主要的用途有：作溢流阀，使系统压力恒定；作安全阀，对系统起过载保护作用，如汽车起重机液压系统中；作背压阀，接在系统回油路上，提供回油阻力，使执行元件运动平稳；实现远程调压或系统卸荷。

(2) 减压阀

减压阀是利用液体流过缝隙产生压降的原理，使出口压力低于进口压力的压力控制阀，

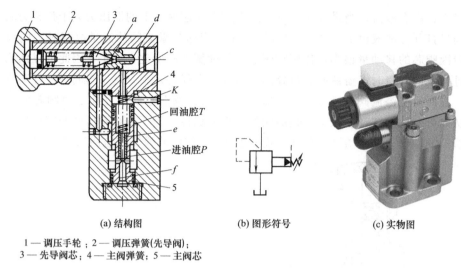

(a) 结构图　　(b) 图形符号　　(c) 实物图

1—调压手轮；2—调压弹簧(先导阀)；
3—先导阀芯；4—主阀弹簧；5—主阀芯

图 2-42　先导式溢流阀

按调节要求的不同，可分为定值减压阀、定比减压阀和定差减压阀三种。其中定差减压阀应用较广，简称减压阀。它使液压系统中某一支路的压力低于系统压力且保持压力恒定，常用于夹紧、控制、润滑等油路中。本节仅介绍定差减压阀。

减压阀也有直动式和先导式之分，直动式较少单独使用。先导式应用较多，它的典型结构及图形符号如图 2-43 所示。压力油由阀的进油口 P_1 流入，经减压阀口 f 减压后由出口 P_2 流出。出口压力油经阀体与端盖上的通道及主阀芯上的阻尼孔 e 流到主阀芯的上腔和下腔，并作用在先导阀芯上。当出口油液压力低于先导阀的调定压力时，先导阀芯关闭，主阀芯上、下两腔压力相等，主阀芯在弹簧作用下处于最下端，减压阀口 f 开度为最大，阀处于非工作状态。当出口压力达到先导阀调定压力时，先导阀芯移动，阀口打开，主阀弹簧腔的油液便由外泄口 L 流回油箱，由于油液在主阀芯阻尼孔内流动，使主阀芯两端产生压力差，主阀芯在压差作用下，克服弹簧力抬起，减压阀口 f 减小，压降增大，使出口压力下降到调定值。

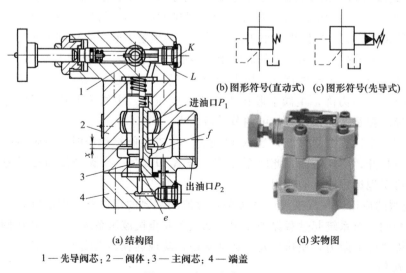

(a) 结构图　　(b) 图形符号(直动式)　(c) 图形符号(先导式)　(d) 实物图

1—先导阀芯；2—阀体；3—主阀芯；4—端盖

图 2-43　先导式减压阀

(3) 顺序阀

顺序阀是利用油液压力作为控制信号来控制油路通断，保证液压系统中多个执行元件的动作有一定的先后顺序。另外，其与单向阀组成平衡阀，可保持垂直放置的液压缸不因自重而下落。

顺序阀也有直动式和先导式之分，根据控制压力来源不同，它还有内控式和外控式之分。直动式顺序阀的结构和图形符号如图 2-44 所示。压力油从进油口 P_1（两个）进入，经阀体上的孔道 a 和端盖上的阻尼孔 b 流到控制活塞底部，当作用在控制活塞上的液压力能克服阀芯上的弹簧力时，阀芯上移，油液便从 P_2 流出。该阀称为内控式顺序阀，简称顺序阀，其图形符号如图 2-44（b）所示。若将图 2-44（a）中的端盖旋转 90°安装，切断进油口通向控制活塞下腔的通道，并去除外控口的螺塞，引入控制压力油，便成为外控式顺序阀，称为液控顺序阀，其图形符号如图 2-44（c）所示。

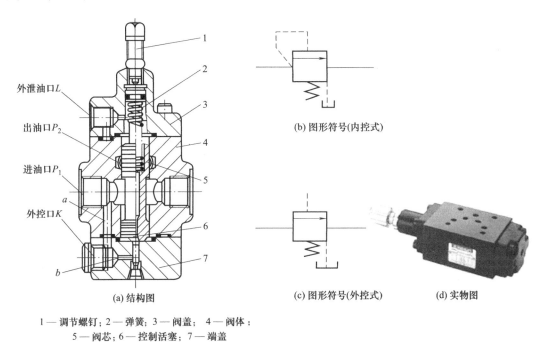

外泄油口 L
出油口 P_2
进油口 P_1
外控口 K

1—调节螺钉；2—弹簧；3—阀盖；4—阀体；
5—阀芯；6—控制活塞；7—端盖

图 2-44 直动式顺序阀

(4) 主调压阀

为了保证自动变速器的正常工作，液压泵的泵油压力必须维持在稳定范围内，以防止油压过低，使离合器、制动器打滑，影响自动变速器的动力传递。为此，必须在油路中设置一个油压调节装置，称为主调压阀，使液压泵的泵油压力始终稳定在一定范围内，以满足自动变速器各种工况对油路油压的要求。

主调压阀由上部的主调压阀阀体、下部的反馈柱塞套筒副和调压弹簧组成。如图 2-45 所示，来自油泵的压力油经主调压阀油道流向主油路，同时经油道流向主调压阀的上部，与调压弹簧力相平衡。当主油路压力较高时，作用在主调压阀上部的压力增大，克服弹簧力，推动阀体下移，接通回油道，主油路泄油，压力下降。主油路油压越高，阀体下移量越大，泄油量越多。反之，若主油路油压降低，则主调压阀阀体上移，泄油量减少，又使油压回升。如此反复，使主油路油压保持稳定，如图 2-45（b）所示。

在主调压阀下部的反馈柱塞3上作用着节气门油压和来自手控阀倒挡油路的油压。这两个反馈油压对反馈柱塞产生向上的推力，并通过柱塞及调压弹簧2作用在主调压阀阀体上，使阀体上移，减小泄油通道，从而使主油路油压增大，如图2-45（c）所示。

节气门油压由节气门阀控制，节气门开度越大，节气门油压越高，主油路油压随之升高，满足了大负荷对主油路油压的需求。在前进挡时，倒挡油路没有压力油，只有当手控阀位于"R"位时，才有压力油作用在反馈柱塞上使主油路油压升高，因此满足了倒挡对主油路油压的需求，如图2-45（d）。

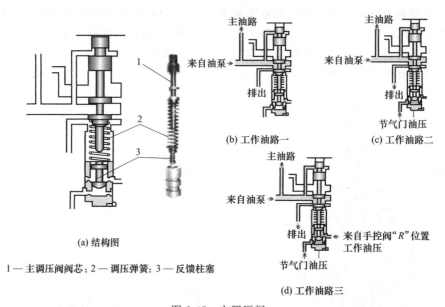

图 2-45　主调压阀
1—主调压阀阀芯；2—调压弹簧；3—反馈柱塞

（5）节气门阀

节气门阀根据节气门开启的角度产生节气门油压。它由节流阀和降挡柱塞两部分组成。如图2-46所示，当踩下加速踏板时，降挡柱塞5通过油门拉索和节气门凸轮向上运动。因节气门阀阀体被弹簧向上推移，打开主油路油压通道，产生节气门油压4。节气门油压同时作用在阀体 B 处。另外，来自减压阀3的油压作用在阀体 A 处。由于阀体 A 处和 B 处上横断面面积比下横断面面积小，A、B 两处产生的油压力向下，试图将节气门向下推动少许。当向下推动阀体的油压力（在 A、B 两处产生）与弹簧作用力（由降挡柱塞，即节气门开度决定）平衡时，阀体关闭主油路油压通道。节气门油压就由向上和向下推动节气门阀阀体的作用力之差决定，也就是由发动机节气门开启度和车速所决定。当发动机节气门开度增大，降挡柱塞向上的移动量同时增大，节气门阀阀体向上移动量也增大，主油路油压8通往节气门油压的通道增大，使节气门油压上升。当调速器油压升高时，减压阀油压1升高，向下压节气门阀阀体的油压力也升高，使节气门油压减小。节气门阀向每个换挡阀提供与调速器油压方向相反的节气门油压。同时，以节气门油压为基础的节气门油压控制随动阀的油压作用于一次调节阀，从而根据节气门的开启度和车速（减压阀油压）调节主油路的油压。

3．流量控制阀

流量控制阀是依靠改变阀口通流面积的大小和通流通道的长短来改变液阻，控制通过阀

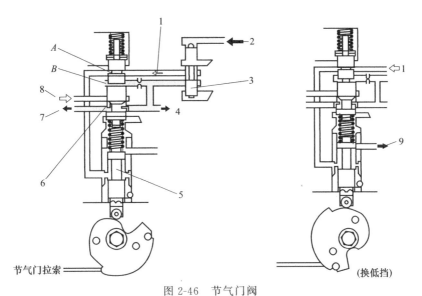

图 2-46 节气门阀
1—减压阀油压；2—调速器油压；3—减压阀；4—节气门油压；5—降挡柱塞；6—节气门阀柱塞；
7—至节气门油压控制随动阀；8—主油路油压；9—至锁止调压阀

的流量，达到调节执行元件运动速度的目的。常用的流量控制阀有节流阀、调速阀等。

（1）节流阀

节流阀是借助改变阀口通流面积或通道长度来改变对液流的阻力，对通过的流量起到限制作用，进而调节流量。节流阀的结构如图 2-47 所示。液压油从进油口 P_1 流入，经节流口 1 从 P_2 流出。节流口的形式为轴向三角槽式。调节手轮 4 可使阀芯 2 轴向移动，改变节流口的通流截面面积，达到调节流量的目的。

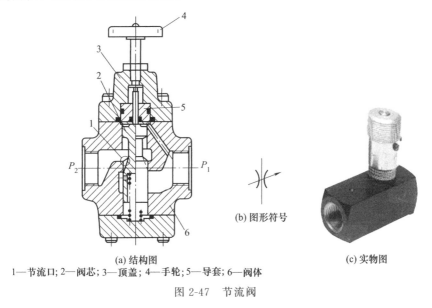

(a) 结构图
1—节流口；2—阀芯；3—顶盖；4—手轮；5—导套；6—阀体
(b) 图形符号
(c) 实物图

图 2-47 节流阀

（2）调速阀

调速阀是由定差减压阀和节流阀串联而成的组合阀。如图 2-48 所示为调速阀进行调速的工作原理。液压泵出口（即调速阀进口）压力 p_1，由溢流阀调整，基本上保持恒定。调速阀出口处的压力 p_2 由液压缸上的负载 F 决定。所以当 F 变化时，调速阀进出口压差 p_1 —

p_2 也将变化。如在系统中装的是普通节流阀,则由于压差的变动,影响通过节流阀的流量,因而液压缸运动的速度不能保持恒定。

调速阀在工作时,减压阀阀芯上端的油腔 b 通过孔道 a 和节流阀后的油腔相通,压力为 p_2,而其肩部腔 c 和下端油腔 d,通过孔道 f 和 e 与节流阀前的油腔相通,压力为 p_m。活塞上负载 F 增大时,p_2 也增大,于是作用在减压阀阀芯上端的液压力增大,阀芯下移,减压阀的开口加大,压降减小,因而使 p_m 也增大,结果使节流阀前后的压差 p_1-p_2 保持不变。反之亦然。这样就使通过调速阀的流量恒定不变,液压缸运动的速度稳定,不受负载变化的影响。调速阀在液压系统中主要适用于执行元件负载变化大而运动速度要求稳定的系统中,也可用在容积-节流调速回路中。

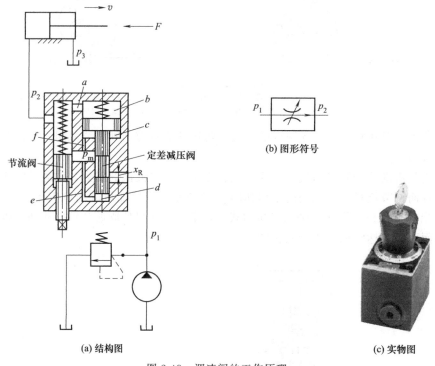

图 2-48 调速阀的工作原理

【任务实施】

为能满足车载式升降台的工作要求,针对图 2-34 所示的升降台设计了如图 2-49 所示的液压系统,使用了换向阀、节流阀、顺序阀和溢流阀等。换向阀 2 控制液压缸实现升降台升起和放下,并能使升降台保压停在任意高度。顺序阀 3 保证升降台下降时起到背压作用,防止下冲。单向节流阀和溢流阀共同来调节升降台升起的速度。

【知识拓展】

1. 汽车自动变速器用液压控制阀

(1) 调速阀

由于自动变速器的换挡规律取决于调速阀的工作特性,为了使换挡规律能满足汽车的行驶需要,使汽车获得最佳的耗油率,要求调速阀在低速和高速应有不同的工作特性,因此在汽车自动变速器中使用的调速阀大多采用双级式。常见的双级式节流调速阀安装在自动变速器输出轴上，感应汽车行驶速度的变化，输出与车速相对应的调速阀油压，将车速信号转变为压力信号传递到各换挡阀，控制自动变速器的换挡时刻。

调速阀主要由调速滑阀 2、重块 5、调速阀轴 4、弹簧 3 等组成，如图 2-50 所示。来自手控阀的主油路的工作油压 6 经油道进入调速阀，调节为调速油压输出 7 后，经油道流向三个换挡阀和调速阀的调压阀。

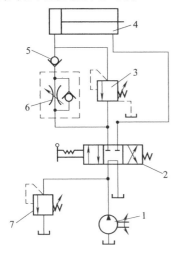

图 2-49　汽车升降台液压系统
1—液压泵；2—换向阀；3—顺序阀；
4—液压缸；5—单向阀；6—单向
节流阀；7—溢流阀

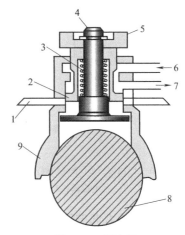

图 2-50　调速阀
1—泄油口；2—调速滑阀；3—弹簧；
4—调速阀轴；5—重块；6—工作油压
（来自主油路）；7—调速油压输出；
8—输出轴；9—壳体

自动变速器输出轴不转或转速较低时，调速滑阀将工作油压进油口关闭，无速度控制油压输出。转速升高后，离心力使调速阀轴、重块、调速滑阀外移，将工作油压进油口打开一定开度，压力油进入调速阀后经调速油压出油口输出；同时压力油作用在调速滑阀上，推动调速滑阀向内移动，将工作油压进油口关小。当工作油压进油口完全关闭时，调速阀油压作用在调速滑阀上的力与离心力和弹簧力相平衡，此时的调速阀输出的调速油压就对应着一定的输出转速。若转速下降，离心力减小，调速滑阀再向内移，打开泄油口泄油，使调速阀输出的调速油压降低；而油压降低，又使调速阀外移，将泄油口关闭，达到一个新的平衡，此时的调速阀输出的调速油压则与较低的转速相对应。即对应不同的输出轴转速，调速阀将输出与之相适应的控制油压。

调速阀是分两个阶段工作的：第一个阶段，重块、调速阀轴、调速滑阀和弹簧构成一个整体并因离心力作用而外移；第二个阶段，当转速进一步升高时，虽然调速阀轴的运动被壳体阻止，但调速滑阀和弹簧仍会由于离心力的作用而外移。

（2）强制降挡阀

强制降挡阀的作用是当节气门全开或接近全开时，强制性地将自动变速器降低一个挡位，以获得良好的加速性能。强制降挡阀主要有两种类型：一种类似于节气门阀，由控制节气门阀的节气门拉索 1 和节气门阀凸轮 2 控制其工作。在节气门接近全开时，节气门拉索通过节气门阀凸轮推动强制低挡阀，使之打开一条通往各个换挡阀的油路，该油路的压力油作用在换挡阀上，迫使换挡阀移至低挡位置，使自动变速器降低一个挡位，如图 2-51（a）所示。另一种强制降挡阀是一种电磁阀,由安装在加速踏板4上的强制降挡开关5控制,如图2-51(b)所示。在加速踏板踩到底时,强制降挡开关闭合,使强制降挡电磁阀6通电,电磁阀作用在阀杆7上的推力消失,阀芯8在弹簧9弹力的作用下右移,打开油路,让主油路压力油进入各换挡阀的作用着节气门油压的一端,强迫换挡阀移动,让自动变速器降低一个挡位。

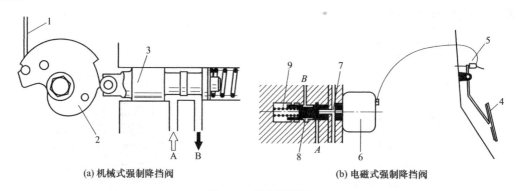

(a) 机械式强制降挡阀　　　　(b) 电磁式强制降挡阀

图 2-51　强制降挡阀

1—节气门拉索;2—节气门阀凸轮;3—强制低挡阀;4—加速踏板;5—强制降挡开关;6—强制降挡电磁阀;7—阀杆;8—阀芯;9—弹簧;A—通主油道;B—通换挡阀

2. 汽车制动力调节控制阀

(1) 限压阀

限压阀串联于液压或气压制动回路的后促动管路中。其作用是当前、后促动管路压力 p_1 和 p_2 由零同步增长到一定值后,即自动将 p_2 限定在该值不变。液压限压阀的构造见图2-52。自进油口输入的控制压力是前促动管路压力(亦即主缸压力)p_1,从出油口输出的是后促动管路压力 p_2。阀门2与活塞3连接成一体,装入阀体6后,弹簧5即受到一定的预紧力。在弹簧力作用下,阀门离开阀体上的阀座而抵靠着阀盖1。阀门凸缘上开有若干个通油切口。当输入压力 p_1 较低时,阀门一直保持开启,因而 $p_2 = p_1$,即限压阀尚未起限压作用。在 p_2 与 p_1 同步增长到一定值 p_s 时,活塞上所受的液压作用力将弹簧压缩到使阀门关闭,后轮缸与主缸隔绝。此后 p_2 即保持定值 p_s,不再随 p_1 增长。限压阀用于重心高度与轴距的比值较大的轻型汽车更为适宜,因为这种汽车在制动时,其后轮垂直载荷向前轮转移得较多。

(2) 比例阀

重心高度与轴距的比值较小的中型以上汽车在制动时的前后轮间载荷转移较少,其理想促动管路压力分配特性曲线中段斜率较大。这种汽车如果装用限压阀,虽然可以满足制动时前轮 F'_{Bmax} 的要求,但紧急制动时,后轮制动力将远小于后轮附着力,即附着力利用率太低,未能满足制动力尽可能大的要求。要解决这一问题,可以采用比例阀。比例阀(亦称P阀)也是串联于液压或气压制动回路的后促动管路中的。其作用是当前后促动管路压力 p_1 与 p_2 同步增长到一定值 p_s 后,即自动对 p_2 的增长加以节制,亦即使 p_2 的增量小于 p_1 的增量。比例阀一般采用两端承压面积不等的差径活塞结构。图2-53为其示意图。不工作时,差径活塞2在弹簧3的作用下处于上极限位置。此时阀1保持开启,因而在输入控制压力 p_1 与输出压力 p_2 从零同步增长的初始阶段,总是 $p_1 = p_2$。但是压力 p_1 的作用面积为 $A_1 = \frac{\pi}{4}(D^2 - d^2)$,压力 p_2 的作用面积为 $A_2 = \frac{\pi}{4}D^2$,因而 $A_2 > A_1$,故活塞上方液压作用力大于活塞下方液压作用力。在 p_1、p_2 同步增长过程中，活塞上、下两端液压作用之差超过弹簧3的预紧力时，活塞便开始下移。当 p_1 和 p_2 增长到一定值 p_s 时，活塞内腔中的阀座与阀门接触，进油腔与出油腔即被隔绝。此时即比例阀的平衡状态。

若进一步提高 p_1，则活塞将回升，阀门再度开启。油液继续流入出油腔，使 p_2 也升高。但由于 $A_2 > A_1$，p_2 尚未增长到新的 p_1 值，活塞又下降到平衡位置。在任一平衡状态下，差径活塞的力的平衡方程为：$p_2 A_2 = p_1 A_1 + F$，F 为平衡状态下的弹簧力。

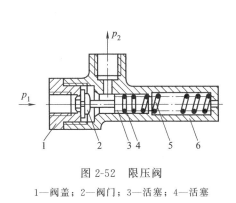

图 2-52　限压阀

1—阀盖；2—阀门；3—活塞；4—活塞密封圈；5—弹簧；6—阀体；

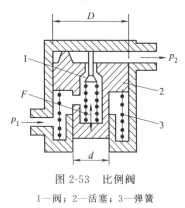

图 2-53　比例阀

1—阀；2—活塞；3—弹簧

（3）感载阀

某些汽车在实际装载质量不同时，其总重力和重心位置变化较大，因而满载和空载下的理想促动管路压力分配特性曲线差距也较大。在此情况下，采用一般的特性线不变的制动力调节装置已不能保证汽车制动性能符合法规要求，故有必要采用其特性能随汽车实际装载质量而改变的感载阀。

液压系统用的感载阀有感载比例阀和感载限压阀两类。

① 感载比例阀　如图 2-54 所示为液压感载比例阀及其感载控制机构。阀本身的结构与上述的比例阀大同小异。阀体3安装在车身上，在活塞4右部的空腔内装有阀门2。不制动时，活塞在感载拉力弹簧6通过杠杆5施加的推力F的作用下处于右极限位置。阀门2因其杆部顶触螺塞1而开启。

制动时，来自主缸压力为 p_1 的制动液由进油口A进入，并通过阀门从出油口B输出至后促动管路。此时输出压力 $p_1 = p_2$。因活塞右端承压面积大于左端承压面积，故 p_1 和 p_2 对活塞的作用力不等。于是活塞不断左移，最后使其上的阀座与阀门接触而达到平衡状态，此后 p_2 的增量将小于 p_1 的增量。

② 感载限压阀　如图 2-55 所示为一种液压感载限压阀。由图可见，弹簧力 F 与弹簧压缩量有关，从而与推杆行程有关，并可由感载控制机构控制。感载控制机构向感载阀输入的控制信

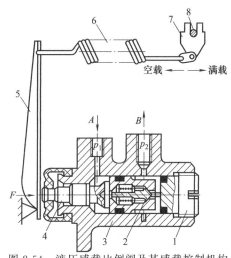

图 2-54　液压感载比例阀及其感载控制机构

1—螺塞；2—阀门；3—阀体；4—活塞；5—杠杆；6—感载拉力弹簧；7—摇臂；8—后悬架横向稳定杆

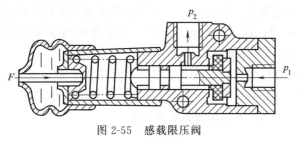

图 2-55 感载限压阀

号，一般是有关悬架的变形量。然而影响悬架变形量的因素，除了汽车总重力分配到该悬架上的载荷（包括制动时的载荷转移）以外，还有汽车行驶时不平路面对车轮和悬架的瞬时冲击载荷。感载控制机构中设置容量较大的弹簧的目的就在于吸收这种冲击载荷，以排除其对感载阀工作的干扰。液压感载阀中油液本身的阻尼也有助于消除这一干扰。

学习小结

本情境介绍了汽车液压系统常用的液压元件，主要有液压泵、液压缸、液压马达以及液压控制阀，对汽车自动变速器用典型液压控制阀和制动系统制动力调节阀也做了简要的介绍。对常用的汽车液压元件要了解其结构，掌握其工作原理，并能正确地识别与选用。

自我评估

1. 填空题

（1）按结构形式分，汽车液压动力转向系统中常采用的液压泵为_____。

（2）液压缸一般用于实现执行机构的_____运动。而液压马达则用于实现执行机构的_____运动。

（3）液压缸的差动连接可实现液压缸的快速运动，即把_____和_____连接在一起。

（4）蓄能器是汽车液压系统中用于储存_____的装置。常用的是_____式的蓄能器。蓄能器的主要的功用有_____、_____和_____。

（5）安装 Y 形密封圈时，应将唇边朝向_____油腔，这样才能起到密封作用。

（6）汽车自动变速器的手控阀是_____控制阀，来控制不同的油路得到压力油。

（7）执行元件的运动速度可以通过_____控制阀来进行调节。主要有_____阀和_____阀两类。

（8）压力控制阀主要有_____阀、_____阀和_____阀。

（9）汽车制动力调节阀主要有_____阀、_____阀和_____阀。

（10）汽车自动变速器中的调速阀是根据发动机不同的转速而输出不同的_____。

2. 选择题

（1）外啮合齿轮泵的特点有（　　）。

A. 结构紧凑，流量调节方便
B. 通常采用减小进油口方法来降低径向不平衡力
C. 噪声较小，输油量均匀，体积小，重量轻
D. 价格低廉，工作可靠，多用于低压系统

（2）不能成为双向变量泵的是（　　）。

A. 双作用叶片泵　B. 单作用叶片泵　C. 轴向柱塞泵　D. 径向柱塞泵

（3）下列液压泵中属于定量泵的有（　　）。

A. 单作用叶片泵　B. 轴向柱塞泵　C. 径向柱塞泵　D. 双作用叶片泵

（4）液压缸差动连接时，液压缸的伸出速度为（　　）。

A. $v=4q/(\pi d^2)$
B. $v=4q/[\pi(D^2+d^2)]$
C. $v=4q/[\pi(D^2-d^2)]$
D. $v=4q/(\pi D^2)$

（5）下列关于液控顺序阀叙述正确的是（　　）。

A. 阀打开后油液压力可以继续升高　　B. 出油口一般通往油箱
C. 内部泄漏须通过出油口回油箱　　　D. 不能作为卸荷阀使用

（6）调速阀是用（　　）而成的。

A. 节流阀和定差减压阀串联　　B. 节流阀和顺序阀串联
C. 节流阀和定差减压阀并联　　D. 节流阀和顺序阀并联

（7）与节流阀相比较，调速阀的显著特点是（　　）。

A. 流量稳定性好　　　　　　　B. 结构简单，成本低
C. 调节范围大　　　　　　　　D. 最小压差的限制较小

（8）流量控制阀是通过控制液压系统工作的流量，从而控制执行元件的（　　）。

A. 运动方向　　　B. 运动速度　　　C. 压力大小

（9）汽车自动变速器中控制液压系统油压的阀为（　　）。

A. 调速阀　　　B. 主调压阀　　　C. 换挡阀　　　D. 节气门阀

（10）在汽车制动时，能根据各个轴的实际载荷而调节制动特性的阀为（　　）。

A. 比例阀　　　B. 限压阀　　　C. 感载阀　　　D. 载荷阀

3. 判断题

（　　）（1）先导式溢流阀只适用于低压系统。
（　　）（2）通常减压阀的出口压力近于恒定。
（　　）（3）容积泵输油量的大小取决于密封容积的大小。
（　　）（4）液压泵的额定压力应稍高于系统中执行元件的最高工作压力。
（　　）（5）齿轮泵的吸油腔就是轮齿不断进入啮合的那个腔。
（　　）（6）双作用叶片泵的最大特点就是输出流量可以调节。
（　　）（7）从工作原理上看，溢流阀可以当顺序阀用。
（　　）（8）汽车液压动力转向系统中常采用柱塞泵作为转向油泵。
（　　）（9）汽车自动变速器中控制系统油压的元件为调速阀。
（　　）（10）汽车制动系统中对后轴制动力加以限制的元件为限压阀。

4. 问答题

（1）液压控制阀主要有哪几类？各起到什么作用？
（2）汽车自动变速器使用的主要液压阀有哪些？各有何作用？
（3）汽车制动系统使用的主要液压阀有哪些？各有何作用？

5. 计算题

（1）已知某齿轮泵的额定流量 $q_n=100$L/min，额定压力 $p_n=2.5$MPa，泵的转速 $n_1=1450$r/min，泵的机械效率 $\eta_m=0.9$，由实验测得：当泵的出口压力 $p_1=0$MPa 时，其流量 $q_1=106$L/min；当泵的出口压力 $p_2=2.5$MPa 时，其流量 $q_2=101$L/min。试求：该泵的容积效率 η_V；如泵的转速降至 500r/min，在额定压力下工作时，泵的流量 q_3 为多少？在上述两种转速的情况下，泵所需功率为多少？

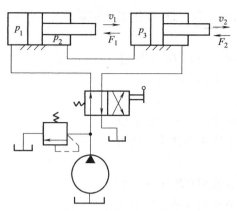

(2) 如图 2-56 所示，液压泵驱动两个液压缸串联工作。已知两个液压缸尺寸相同，缸体内径 $D=90\text{mm}$，活塞杆直径 $d=60\text{mm}$，负载力 $F_1=F_2=10\text{kN}$，泵的流量 $q=25\text{L/min}$，不计容积损失和机械损失。试求液压泵的输出压力及活塞运动的速度。

(3) 三个溢流阀的调定压力如图 2-57 所示，试问液压系统可获得几种压力？其压力值各为多少？

(4) 如图 2-58 所示液压回路中，液压缸的有效面积 $A_1=A_2=100\text{cm}^2$，缸Ⅰ负载 $F_L=35\text{kN}$，缸Ⅱ运动时负载为零。不计摩擦阻力、惯性力和管路损失。溢流阀的调定压力为 4MPa，顺序阀的调定压力为

图 2-56 计算题（2）图

34MPa，减压阀的调定压力为 2MPa。求下列三种情况下，管路中 A、B 和 C 点的压力。

① 液压泵启动后，两换向阀处于中位。

② 1YA 通电，缸Ⅰ活塞移动时和活塞运动到终点后。

③ 1YA 断电，2YA 通电，液压缸Ⅱ活塞运动时及活塞碰到挡铁时。

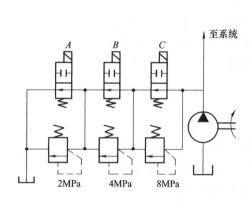

图 2-57 计算题（3）图

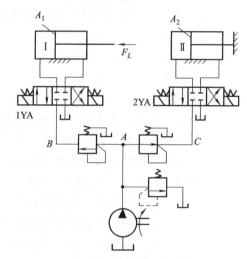

图 2-58 计算题（4）图

评价标准

本学习情境的评价内容包括专业能力评价、方法能力评价及社会能力评价 3 个部分。其中自我评分占 30%、组内相互评分占 35%、教师评分占 35%，总计为 100%，见下表。

学习情境 2 综合评价表

种类	项目	内容	配分	考核要求	扣分标准	自我评分 30%	组内评分 35%	教师评分 35%
专业能力评价	任务实施计划	1. 实训的态度及积极性 2. 实训方案制订及合理性 3. 安全操作规程遵守情况 4. 考勤、遵守纪律情况 5. 完成技能训练报告	30	实训目的明确，积极参加实训，遵守安全操作规程和劳动纪律，有良好的职业道德和敬业精神；技能训练报告符合要求	实训计划占 5 分；安全操作规程占 5 分；考勤及劳动纪律占 5 分；技能训练报告完整性占 15 分			
专业能力评价	任务实施情况	1. 液压泵识别 2. 液压控制元件的识别；汽车自动变速器用液压控制阀识别；汽车制动系统液压控制阀识别 3. 拆装液压泵 4. 搭建车载式升降台液压系统 5. 任务的实施规范化，安全操作	30	能搭建具有一定功能的汽车液压系统，识别汽车液压系统常用液压控制阀；能顺利拆装转向油泵；能识别自动变速器中典型液压控制阀；任务实施符合安全操作规程并功能实现完整	汽车液压系统建立并识别组成部分占 10 分；拆解汽车液压动力转向系统占 10 分；任务实施完整性占 10 分			
	任务完成情况	1. 相关工具的使用 2. 相关知识点的掌握 3. 任务的实施完整情况	20	能正确使用相关工具；掌握相关的知识点；具有排除异常情况的能力并提交任务实施报告	工具的整理及使用占 10 分；知识点的应用及任务实施完整性占 10 分			
方法能力评价		1. 计划能力 2. 决策能力	10	能够查阅相关资料制订实施计划；能够独立完成任务	查阅相关资料能力占 5 分；选用方法合理性占 5 分			
社会能力评价		1. 团结协作 2. 敬业精神 3. 责任感	10	具有组内团结合作、协调能力；具有敬业精神及责任感	团结合作、协调能力占 5 分；敬业精神及责任心占 5 分			
合计			100					

学习情境 3
典型汽车液压系统分析

 学习目标

能力目标
- 能识读汽车液压传动系统图。能正确连接液压系统回路。
- 能识别汽车用液压控制阀,能正确分析液压回路。
- 能正确选用液压元件,能组装并调试简单的汽车液压传动系统回路图。

知识要求
- 了解液压基本回路的种类及功能。
- 掌握汽车液压系统常用的液压回路。
- 掌握汽车典型液压传动系统的组成和工作原理。

技能要求
- 熟悉常用液压元件图形符号,正确绘制简单液压回路图。
- 能够正确选择液压元件并组装汽车典型液压传动系统回路。
- 能够正确分析汽车液压传动基本回路。

任务 3.1 分析汽车液压动力转向系统

【任务描述】

如图 2-1 所示的汽车液压动力转向系统，为保证车轮可以向左和向右转向，则液压系统必须具有方向控制阀组成的换向回路，其液压系统如图 3-1 所示。

【任务分析】

在图 3-1 所示的汽车动力转向液压系统中，通过换向控制阀 5 组成的换向回路可以实现车轮的转向。工作过程如下。

（1）汽车直线行驶

方向盘 7 不动，换向控制阀 5 处于中位，液压缸 6 的两腔油路闭锁，液压缸活塞处于平衡状态，对转向节臂不施加作用力，不起助力作用。

工作油路：油箱→油泵 2→节流阀 3→换向控制阀 5 的中位→油箱。

（2）车轮左转

方向盘（螺杆）7 左转，换向控制阀 5 处于左位，转向螺母经过转向节臂、直拉杆等与车轮相连，由于螺杆不能做轴向移动，而转向螺母可以做轴向移动，所以螺杆左转时，螺母受到螺杆施加的向右的作用力，迫使阀芯相对阀体向右移动，改变油路通道。这时从泵来的压力油经换向控制阀进入液压缸 6 的左腔，推动活塞向右移动，通过转向摇臂、直拉杆、转向节臂、梯形臂、横拉杆，使车轮左转，实现助力转向。

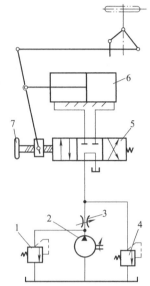

图 3-1 汽车动力转向液压系统图
1—溢流阀；2—油泵；3—节流阀；
4—安全阀；5—换向控制阀；
6—液压缸；7—方向盘

工作油路：油箱→油泵 2→节流阀 3→换向控制阀 5 的左位→液压缸 6 的左腔→液压缸 6 的右腔→换向控制阀 5 的左位→油箱。活塞向右移动。

（3）车轮右转

方向盘（螺杆）7 右转，换向控制阀 5 处于右位，从泵来的压力油经控制阀进入液压缸 6 的右腔，活塞左移，通过机械装置作用使车轮右转，实现助力转向。

工作油路：油箱→油泵 2→节流阀 3→换向控制阀 5 的右位→液压缸 6 的右腔→液压缸 6 的左腔→换向控制阀 5 的右位→油箱。活塞向左移动。

（4）放松方向盘

滑阀在中位弹簧的作用下恢复到中间位置，助力作用消失。泵由发动机带动，若泵转数增高时，流过节流阀 3 的阻力增加，节流阀进口压力增加，可使溢流阀 1 打开，泵出口的油可经溢流阀 1 回油箱。若因负载加大，节流阀 3 出口压力增加时，安全阀 4 打开限制了系统压力的进一步升高。

【知识准备】

在液压系统中，工作机构的启动、停止或变换运动方向等是利用控制进入执行元件油流的通、断及改变流动方向来实现的。实现这些功能的回路称为方向控制回路。

1. 启停回路

在执行元件需要频繁地启动或停止的液压系统中，一般不采用启动或停止液压泵电动机的方法来使执行元件启、停，因为这对泵、电动机和电网都是不利的。因此在液压系统中经常采用启、停回路来实现这一要求。

如图 3-2（a）、（b）所示分别用二位二通电磁阀和二位三通电磁阀切断压力油源来使执行元件停止运动。其差别在于，图（a）在切断压力油路时，泵输出的压力油从溢流阀回油箱，泵压较高，消耗功率较大，不经济；图（b）在切断压力油源的同时，泵输出的油液经二位三通电磁阀回油箱，使泵在很低的压力工况下运转（称为卸荷）。也可采用中位机能为O、Y、K 型的三位四通换向阀来使执行元件停止运动。在上述回路中，由于换向阀要通过全部流量，故一般只适用于小流量系统。

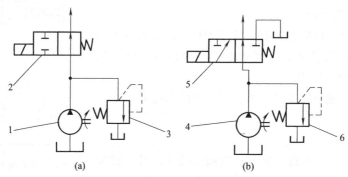

图 3-2 启、停回路
1,4—液压泵；2,5—换向阀；3,6—溢流阀

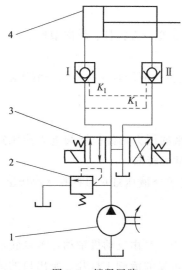

图 3-3 锁紧回路
1—液压泵；2—溢流阀；3—换向阀；
4—液压缸；Ⅰ，Ⅱ—液控单向阀

2. 换向回路

各种操纵方式的四通或五通换向阀都可组成换向回路，只是性能和应用场合不同。手动换向阀的换向精度和平稳性不高，常用于换向不频繁且无需自动化的场合，如自卸汽车车厢举升液压系统、液压动力转向系统等。对速度和惯性较大的液压系统，采用机动换向阀较为合理，只需使运动部件上的挡块有合适的迎角或轮廓曲线，即可减小液压冲击，并有较高的换向精度。电磁阀使用方便，易于实现自动化，但换向时间短，故换向冲击大，适用于小流量、平稳性要求不高的场合。流量比较大（超过63L/min）、换向精度与平稳性要求较高的液压系统，常采用液动或电液动换向阀。换向有特殊要求处，如汽车起重机液压系统，则采用特别设计的组合阀——液压操纵箱。

3. 锁紧回路

锁紧回路可使液压缸活塞在任一位置停止，并可防止其停止后窜动。图 3-3 为汽车起重机支腿所采用液控单向阀的锁紧回路。在液压缸的两侧油路上串接液控单向阀（液压锁），并且采用 H 型中位机能的三位换向阀，液控单向阀的控制油道中无液压油，液控单向阀关闭，活塞可以在行程的任一位置锁紧，左右都不能窜动。

当换向阀的中位机能为 O 型或 M 型等时，似乎无需液控单向阀也能使液压缸锁紧，但由于换向阀存在较大的泄漏，锁紧功能较差，只适用于锁紧时间短且要求不高的回路中。

【任务实施】

搭建如图 3-1 所示的汽车动力转向液压系统。根据图示的液压系统找出相应的液压元件，搭建液压系统，注意将液压元件在实验台上固定好，连接好管路，老师检查无误后再接通电源。注意观察液压缸运动方向的转变。分析液压系统中溢流阀 1 和安全阀 4 的作用。

任务 3.2 分析自卸汽车液压系统

【任务描述】

自卸汽车具有高度机动性和卸货机械化等优点，通常与铲式装载机、挖掘机或皮带运输机等配套使用，实现装卸机械化，从而可以大大缩短装卸时间，提高运输效率，并可节省劳动力，减轻劳动强度。如图 3-4 所示为 QD351 型自卸汽车，该车是依靠液压缸驱动汽车货箱倾翻来实现卸料的。

【任务分析】

QD351 型自卸车货厢举升液压系统图如图 3-5 所示，该系统的动力装置为油箱 1。由平衡阀 6 来控制油路的通断状态的变化，使液压缸完成停止、举升、中停、下降 4 个动作，同时

图 3-4　QD351 型自卸汽车

限压阀 4 调定系统的最高工作压力。QD351 型自卸车货厢举升液压系统工作过程如下。

(1) 停止

当手动换向阀 5 处于最右位，换向阀使得油路的通断状态为 H 型，这样液压泵 3 处于卸荷状态，液压油直接回油箱，不供给液压缸，而伸缩式液压缸 7 处于浮动状态，没有液压油驱动，货箱处于未举升状态，即货箱为水平状态。

(2) 举升

当换向阀处于最左位时，液压泵输出的液压油进入伸缩式液压缸下腔，推动液压缸伸出，带动货箱举升。

工作油路：油箱 1→粗滤器 2→液压泵 3→手动换向阀 5 最左位→平衡阀 6 中的单向阀→伸缩式液压缸 7 下腔→伸缩式液压缸 7 上腔→手动换向阀 5 最左位→过滤器 9→油箱 1。

(3) 中停

当换向阀处于左数二位时，液压泵输出的液压油直接回油箱，处于卸荷状态，液压缸得

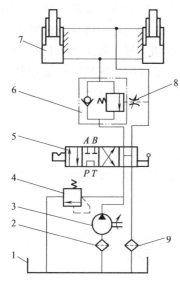

图 3-5 QD351 型自卸汽车
货箱举升液压系统

1—油箱；2—粗滤器；3—液压泵；4—限压阀；5—手动换向阀；6—平衡阀；7—伸缩式液压缸；8—节流阀；9—过滤器

不到液压油，同时，液压缸的两腔都处于锁止状态，故液压缸被锁紧在任意位置上。

（4）下降

当换向阀处于左数三位时，液压泵输出的液压油经换向阀进入液压缸的上腔，推动液压缸缩回，带动货箱下降。此时，平衡阀 6（液控顺序阀和单向阀组成）对液压缸下腔的回油起到背压的作用，保证液压缸只有在液压油的驱动下才能下降，防止液压缸在货物自重的作用下而自动下降。同时，为控制货箱下降的速度，用节流阀 8 来控制平衡阀中的溢流阀的开启速度，进而控制液压缸的回油速度，达到控制货箱下降速度的目的。

工作油路：油箱 1→粗滤器 2→液压泵 3→手动换向阀 5 左三位→伸缩式液压缸 7 上腔→伸缩式液压缸 7 下腔→平衡阀 6 中的溢流阀→手动换向阀 5 左三位→过滤器 9→油箱 1。

由以上分析可知，该系统油路中包含以下几个基本回路，即手动换向阀 5 控制的换向回路、滑阀右位和左二位控制的卸荷回路、限压阀 4 控制的限压回路、平衡阀 6 组成平衡回路以及两液压缸组成的同步工作回路。

【知识准备】

压力控制回路是控制液压系统整体或某部分的压力，以使执行元件获得所需的力或力矩、或保持受力状态的回路。这类回路主要包括卸荷、保压、平衡、调压等多种。

1. 卸荷回路

卸荷回路的功用是在液压泵驱动电机不需频繁启闭的情况下，使液压泵在零压或很低压力下运转，以减少功率损耗，降低系统发热，延长液压泵和电机的使用寿命。

图 3-6（a）为采用 M 型换向阀的卸荷回路。由图可见，换向阀在中位时液压泵卸荷。

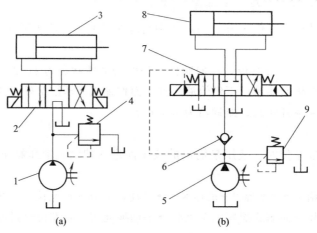

图 3-6 卸荷回路

1,5—液压泵；2—换向阀；3,8—液压缸；4,9—溢流阀；6—单向阀；7—电液动换向阀

这种卸荷方式结构简单,液压泵在极低的压力下运转,但切换时压力冲击较大,只适用于低压小流量的系统。图 3-6(b) 为采用 M 型电液换向阀的卸荷回路。这种回路切换时压力冲击小,但回路中必须设置单向阀,以使系统保持 0.2~0.3MPa 的压力,供操纵控制油路之用。

2. 保压回路

保压回路的功用是使系统在液压缸不动或仅有极微小的位移下稳定地维持住压力。最简单的保压回路是使用密封性能较好的液控单向阀的回路,但是阀类元件处的泄漏使这种回路的保压时间不能维持很久。如图 3-7 所示为一种采用液控单向阀和电接触式压力表的自动补油式保压回路,其工作原理如下:当换向阀 2 右位接入回路时,液压缸上腔成为压力腔,在压力到达预定上限值时电接触式压力表 4 发出信号,使换向阀切换成中位;这时液压泵卸荷,液压缸由液控单向阀 3 保压。当液压缸上腔压力下降到预定下限值时,电接触式压力表又发出信号,使换向阀右位接入回路,这时液压泵给液压缸上腔补油,使其压力回升。换向阀左位接入回路时,活塞快速向上退回。这种回路保压时间长,压力稳定性高,适用于保压性能较高的高压系统,如车载起重机的举升机构。

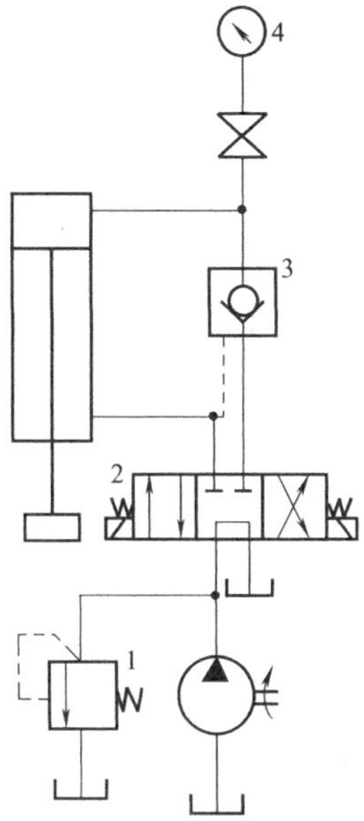

图 3-7 保压回路
1—溢流阀;2—换向阀;3—液控单向阀;4—电接触式压力表

3. 平衡回路

平衡回路的功用在于防止垂直或倾斜放置的液压缸和与之相连的工作部件因自重而自行下落。如图 3-8 所示为一种使用单向顺序阀的平衡回路。由图可见,当换向阀 2 左位接入回路使活塞下行时,回油路上存在着一定的背压,只要将这个背压调得使液压缸内的背压能支承得住活塞和与之相连的工作部件,活塞就可以平稳地下落。当换向阀处于中位时,活塞就停止运动,不再继续下移。这种回路在活塞向下快速运动时功率损失较大,锁住时活塞和与之相连的工作部件会因单向顺序阀 3 和换向阀 2 的泄漏而缓慢下落,因此它只适用于工作部件重量不大、活塞锁住时定位要求不高的场合。

4. 调压回路

在定量泵系统中,液压泵的供油压力可以通过溢流阀来调节。在变量泵系统中,用安全阀来限定系统的最高压力,防止系统过载。当系统中如果需要两种以上压力时,则可采用多级调压回路。

(1) 单级调压回路

如图 3-9 所示的液压系统中,节流阀 7 可以调节进入液压缸 6 的流量,液压泵 1 输出的流量大于进入液压缸的流量,而多余油液便从溢流阀 8 流回油箱。调节溢流阀便可调节泵的供油压力,溢流阀的调定压力必须大于液压缸最大工作压力和油路上各种压力损失的总和。

(2) 双向调压回路

当执行元件正反向运动需要不同的供油压力时,可采用双向调压回路,如图 3-10 所示,图 (a) 中,当换向阀在左位工作时,活塞为工作行程,泵出口压力较高,由溢流阀 1 调定。当换向阀在右位工作时,活塞作空行程返回,泵出口压力较低,由溢流阀 2 调定。图 (b) 所示回路在图示位置时,溢流阀 2 的出口高压油封闭,即溢流阀 1 的远控口被堵塞,故泵压由溢流阀 1 调定为较高压力。当换向阀在右位工作时,液压缸左腔通油箱,压力为零,溢流

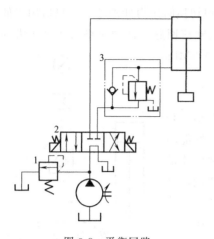

图 3-8 平衡回路
1—溢流阀；2—换向阀；3—单向顺序阀

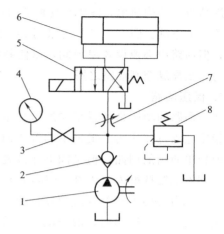

图 3-9 单级调压回路
1—液压泵；2—单向阀；3—截止阀；4—压力表；
5—换向阀；6—液压缸；7—节流阀；8—溢流阀

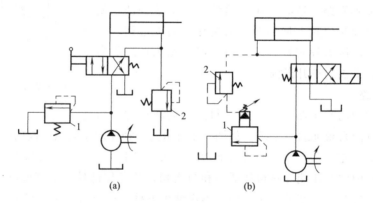

图 3-10 双向调压回路
1,2—溢流阀

阀 2 相当于溢流阀 1 的远程调压阀，泵的压力由溢流阀 2 调定。

（3）多级调压回路

在不同的工作阶段，液压系统需要不同的工作压力，多级调压回路便可实现这种要求。图 3-11（a）所示为二级调压回路。图示状态下，泵出口压力由溢流阀 3 调定为较高压力，换向阀 2 换位后，泵出口压力由远程调压阀（溢流阀）1 调为较低压力。图 3-11（b）为三级调压回路。溢流阀 1 的远程控制口通过三位四通换向阀 4 分别接通两侧的远程调压阀（或小流量溢流阀）3，使系统有三种压力调定值。当换向阀在左位时，系统压力由左侧调压阀（溢流阀）3 调定；当换向阀在右位时，系统压力由右侧调压阀（溢流阀）3 调定；当换向阀在中位时，系统压力由主溢流阀 1 调定。在此回路中，远程调压阀的调整压力必须低于主溢流阀的调整压力，只有这样远程调压阀才能起作用。图 3-11（c）所示为采用比例溢流阀的调压回路。

【任务实施】

搭建如图 3-5 所示的自卸车货厢举升液压系统。根据图示的液压系统找出相应的液压元

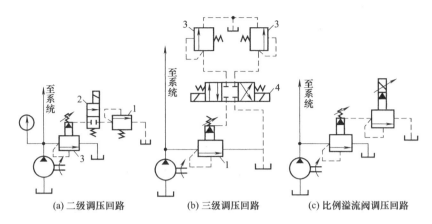

图 3-11 多级调压回路
1,3—溢流阀；2,4—换向阀

件，搭建液压系统，注意将液压元件在实验台上固定好，连接好管路，老师检查无误后再接通电源。

使搭建的液压系统能完成停止、举升、中停、下降 4 个动作。然后依次增大液压缸的负载，用压力表测量液压泵的输出压力，比较分析各负载下的液压泵的压力值，看如何变化。当负载高于限压阀调定压力时，观察液压缸是否运动，并分析原因。

任务 3.3 分析液压式无级变速器液压系统

【任务描述】

液压泵液压马达与控制阀构成一体化的液压无级变速器，其机构紧凑，体积小，重量轻，布局灵活，操作使用方便，简化了传动装置的结构，改善了各种装备的质量，因此得到了广泛的认可和应用，在国外已广泛用于汽车、农业机械等领域中。如图 3-12 所示为意大利 AVR-SPE 公司生产的液压式无级变速器实物图。

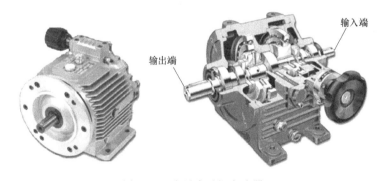

图 3-12 液压式无级变速器

【任务分析】

液压系统的速度调节可以通过速度控制回路实现。速度控制回路是调节和变换执行元件

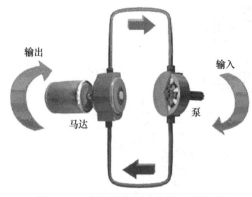

图 3-13 液压式无级变速器工作原理

运动速度的回路。它包括调速回路（节流调速和容积调速）和速度切换回路，其中调速回路是液压系统用来传递动力的，它在基本回路中占重要地位。

液压无级变速器的工作原理为液压传动的容积调速回路，然后通过下列方式进行液压传动的功率、速度和扭矩调节：①变量泵-定量液压马达；②定量泵-变量液压马达；③变量泵-变量液压马达。根据不同的场合选择不同的调节方式。工作原理如图 3-13 所示。

【知识准备】

1. 调速回路

按照调速方式不同，液压传动系统速度调节方法归纳为节流调速和容积调速两大类。

（1）节流调速回路

节流调速回路由定量泵、溢流阀、节流阀和执行元件等组成。根据节流阀在液压回路中的位置不同，调速回路有以下三种形式。

a. 进口节流调速：节流阀串接在进入液压缸的进油路中。

b. 出口节流调速：节流阀串联在液压缸的回油路上。

c. 旁路节流调速：节流阀装在与执行元件并联的支路上。

1）进口节流调速回路　进口节流调速回路如图 3-14（a）所示。节流阀串接在液压缸的进油路上，用它来控制进入液压缸的流量，调节液压缸的运动速度。多余流量经溢流阀流回油箱。泵的供油压力由溢流阀调定。

下面分析一下进口节流调速回路的静态特性。

① 速度负载特性　液压缸在稳定工作时，活塞的运动速度决定于进入液压缸的流量 q 和活塞的有效面积 A，进入液压缸的流量 q 等于通过节流阀的流量，而通过节流阀的流量由节流阀的流量特

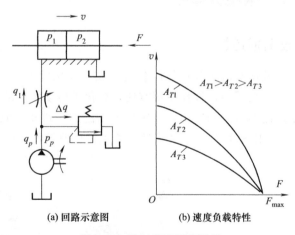

(a) 回路示意图　　(b) 速度负载特性

图 3-14 进口节流调速回路

性方程决定，同时，考虑到节流阀前后的压差和负载的关系，求得活塞运动的速度为

$$v = \frac{KA_T}{A}\sqrt{p_p - \frac{F}{A}} \tag{3-1}$$

式中　K——常数，$K = C_q\sqrt{\dfrac{2}{\rho}}$，$\rho$ 为液压油密度，C_q 为流量系数；

A_T——节流阀节流口通流截面积；

F——液压缸承受的负载；

A——液压缸的有效面积；

p_p——泵的出口压力。

式（3-1）即为进口节流调速回路的速度负载特性方程。它反映了速度 v 和负载 F 之间的关系。若以活塞运动速度为纵坐标，负载为横坐标，将式（3-1）按不同通流截面积 A_T 作图，可得一组抛物线，即进油口节流调速回路的速度负载特性曲线，如图3-14（b）所示。

由式（3-1）和图3-14（b）可以看出，当其它条件不变时，活塞的运动速度与节流阀通流截面积成正比，故调节节流阀通流截面积就能调节执行元件的运动速度。由于薄壁节流小孔的最小稳定流量很小，故能得到较低的稳定流速。这种调速回路的调速范围（最高速度与最低速度之比）大，一般可达100以上。

由图3-14（b）可得出，当节流阀通流截面积一定时，随着负载的增加，节流阀两端压差减小，活塞运动速度按抛物线规律下降。当 $F=p_pA$ 时，节流阀两端压差为零，活塞停止运动，液压泵的流量全部经溢流阀回油箱。故这种调速回路的速度负载特性较软，通常用速度刚度 k_v 来表示负载变化对速度的影响程度。

$$k_v = -\frac{dF}{dv} = \frac{2(p_pA-F)}{v} \tag{3-2}$$

由上式可以看出：

a. 当节流阀通流截面积一定时，负载越小，速度刚度越大，曲线越平稳；

b. 当负载一定时，节流阀通流截面积越小（即执行元件速度越低），速度刚度越大；

c. 适当增大液压缸有效面积和提高液压缸供油压力，可提高速度刚度。

根据以上分析，这种调速回路在轻载低速时有较高的速度刚度，但在这种情况下功率损失较大，效率较低。

② 最大承载能力　在液压泵出口压力调定的情况下，不论节流阀通流截面积怎样改变，其最大承载能力都是不变的，即 $F_{max}=p_pA$。故这种调速回路为恒推力调速（执行元件为液压马达时为恒转矩调速）。

③ 功率特性　这种调速回路由于存在节流阀和溢流阀，所以功率损失由两部分组成：溢流损失（$\Delta P=p_p\Delta q$）和节流损失（$\Delta P=\Delta pq_1$）。由于两种损失的存在，故进口节流调速回路效率较低，特别是当负载小、速度低时效率更低。

2）出口节流调速回路　出口节流调速回路如图3-15所示。它是将节流阀放置在回油路上，用它来控制从液压缸回油腔流出的流量，也就控制了进入液压缸的流量，达到调速的目的。出口节流调速回路的静态特性与进口节流调速回路基本相同。

3）旁路节流调速回路　旁路节流调速回路如图3-16（a）所示。它是将节流阀安放在与执行元件并联的支路上，用它来调节从支路流回油箱的流量，以控制进入液压缸的流量来达到调速的目的。回路中溢流阀起安全作用，泵的工作压力不是恒定的，它随负载发生变化，故旁路节流调速回路又称变压式节流调速回路。

① 速度负载特性　旁路节流调速回路的速度负

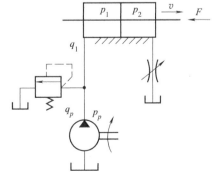

图3-15　出口节流调速回路

载特性方程为

$$v=\frac{q_1}{A}=\frac{q_p-KA_T\sqrt{\dfrac{F}{A}}}{A} \tag{3-3}$$

速度刚度为

$$k_v=-\frac{\mathrm{d}F}{\mathrm{d}v}=\frac{2AF}{q_p-Av} \tag{3-4}$$

式中 q_p——液压泵的流量。

其余符号意义同前。

旁路节流调速回路的速度负载特性曲线如图 3-16（b）所示，可以看出：

a. 当节流阀通流截面积一定而负载增加时，速度显著下降；
b. 当节流阀通流截面积一定时，负载越大速度刚度越大；
c. 当负载一定时，节流阀通流截面积越小（即活塞运动速度越高），速度刚度越大；
d. 增大活塞有效面积可以提高速度刚度。

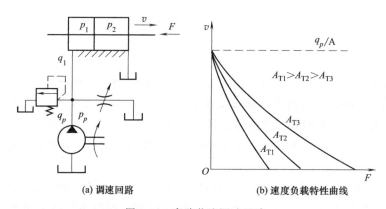

图 3-16 旁路节流调速回路

从以上分析可知，旁路节流调速回路在速度较高、负载较大时，速度刚度较大，这与前两种调速回路恰好相反。应该注意的是：在这种调速回路中，泵的泄漏对运动速度有影响。当负载增加时，p_1 增加，泵的泄漏增加，泵的实际流量减少，使活塞运动速度也相应下降。由于泵的泄漏比液压缸和阀的泄漏要大得多，它对执行元件运动速度的影响不能忽略，因此这种调速回路中，除节流阀的特性外，泵的容积效率变化也影响其速度负载特性，其速度刚度比前两种调速回路低，调速范围小。

② 最大承载能力 由图 3-16（b）可以看出，旁路节流调速回路能够承受的最大负载随着节流阀通流面积的增加而减小。当 $F_{\max}=A(q_p/KA_T)^2$ 时，液压缸速度为零，这时泵的全部流量都经节流阀回油箱，$F_{\max}$ 即为其最大承载能力。继续增大节流阀面积已不再起调节速度的作用，只是使系统压力降低，其最大承载能力也随之下降。因此这种调速回路在低速时承载能力低。

③ 功率特性 由于旁路节流调速回路中的溢流阀是常闭状态，因此回路功率损失只有节流损失（$\Delta P=p_1\Delta q$）而无溢流损失，故比前两种调速回路功率损失小，效率较高。

通过以上分析可得出，旁路节流调速回路速度负载特性较差，调速范围小，但效率较高。一般用于功率较大且对速度稳定性要求不高的场合。

采用节流阀的节流调速回路，在负载变化时，液压缸的运动速度随节流阀的前后压差而变化，导致了其速度稳定性较差。如果用调速阀来代替节流阀，其回路的速度稳定性将大为改善，但功率损失将会增大。采用调速阀的节流调速回路的速度负载特性曲线见图3-17。

（2）容积调速回路

容积调速回路是通过改变液压泵或液压马达的排量来实现调速的。其主要优点是功率损失小（没有溢流损失和节流损失），系统效率高，广泛应用于大功率液压系统中，如汽车液压自动变速器、汽车液压驱动系统、汽车制动储能系统等。

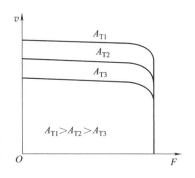

图3-17 调速阀节流调速回路的速度负载特性曲线

容积调速回路通常有三种形式，即变量泵和定量马达容积调速回路；定量泵和变量马达容积调速回路；变量泵和变量马达容积调速回路。

① 变量泵和定量马达容积调速回路 变量泵和定量马达组成的容积调速回路如图3-18所示。在这种回路中，液压泵转速和液压马达排量都是恒量，改变液压泵排量V_p就可使液压马达转速n_M和输出功率P_M随V_p成正比地变化。而马达的输出转矩T_M是由负载决定的，不因调速而发生变化，所以这种回路通常叫做恒转矩调速回路。这种调速回路的调速范围很大，一般可达40。由于液压泵和液压马达都存在不同程度的泄漏，这种调速回路的速度稳定性要受到负载变化的影响，所以当V_p很小时，n_M、T_M和P_M的实际值都等于零。该回路的工作特性曲线如图3-19所示。

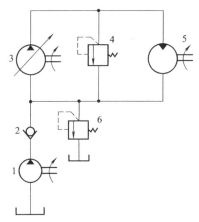

图3-18 变量泵和定量马达容积调速回路
1—补油泵；2—单向阀；3—变量泵；4,6—溢流阀；5—定量马达

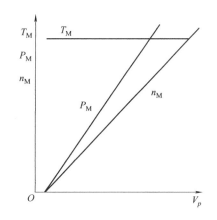

图3-19 变量泵和定量马达容积调速回路工作特性曲线

在如图3-18所示的变量泵和定量马达调速回路中，由变量泵3和定量马达5组成闭式回路，高压管路上的溢流阀4起安全阀的作用，低压管路上连接一小流量补油泵1，补油压力（一般为0.3MPa）由溢流阀6调定，补油的流量一般为回路中主泵最大流量的10%～15%。

② 定量泵和变量马达容积调速回路 定量泵和变量马达组成的容积调速回路如图3-20所示。在这种回路中，液压泵转速和排量都是恒量，改变液压马达排量V_M，可使液压马达转速n_M随V_M成反比变化，马达输出转矩T_M随V_M成正比变化。而马达的输出功率P_M不因

调速而发生变化，所以这种回路通常叫做恒功率调速回路。这种回路的调速范围很小，一般小于3。由于液压泵和液压马达的泄漏损失和摩擦损失，这种回路当 V_M 很小时，n_M、T_M 和 P_M 的实际值也都等于零，以致无力带动负载，造成液压马达停止转动的"自锁"现象，故这种调速回路很少单独使用。该回路的工作特性曲线如图3-21所示。

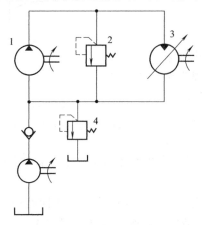

图3-20 定量泵和变量马达容积调速回路
1—补油泵；2,4—溢流阀；3—变量马达

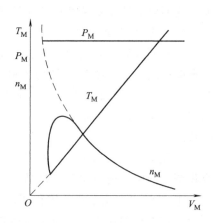

图3-21 定量泵和变量马达容积调速回路工作特性曲线

③ 变量泵和变量马达调速回路 由双向变量泵和双向变量马达组成的容积调速回路如图3-22所示。调节变量泵和变量马达均可调节液压马达的转速，所以这种回路的工作特性是上述两种回路工作特性的综合。其理想情况下的特性曲线如图3-23所示。这种回路的调速范围很大，等于泵的调速范围和马达调速范围的乘积。这种回路适用于大功率的液压系统。

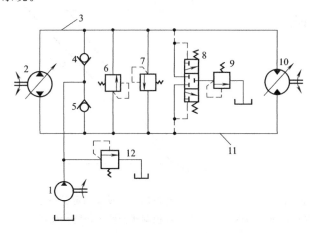

图3-22 变量泵和变量马达容积调速回路
1—补油泵；2—双向变量泵；3,11—管路；4,5—单向阀；
6,7,9,12—溢流阀；8—换向阀；10—双向变量马达

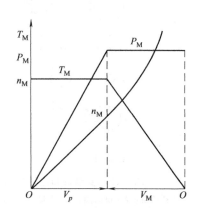

图3-23 变量泵和变量马达容积调速回路工作特性曲线

在如图3-22所示的变量泵和变量马达调速回路中，双向变量泵2可以正反向供油，双向变量马达10便可以正反向旋转。图中溢流阀12的调定压力应略高于溢流阀9的调定压力，以保证液动换向阀动作时，回路中的部分热油经溢流阀9排回油箱，此时由补油泵1向回路输送冷却油液。

2. 快速运动回路

快速运动回路的功用是加快工作机构空载运行时的速度，以提高系统的工作效率。下面介绍几种常见的快速运动回路。

（1）液压缸差动连接快速回路

图 3-24 是利用液压缸差动连接获得快速运动的回路。液压缸差动连接时，相当于减小了液压缸的有效面积，即有效工作面积仅为活塞杆的面积。这样，当相同的流量进入液压缸时，其速度提高。当然，此时活塞上的有效推力相应减小，因此它一般用于空载。图 3-24 中用一个二位三通电磁阀来控制快慢速的转换。

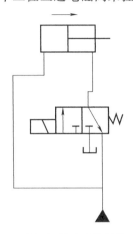

图 3-24 液压缸差动连接的快速回路

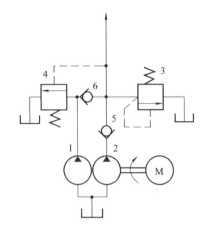

图 3-25 双泵供油的快速运动回路
1—大流量泵；2—小流量泵；3—溢流阀；
4—液控顺序阀；5,6—单向阀

（2）用双泵供油的快速运动回路

图 3-25 是采用双泵供油以实现快速运动的回路。当系统中执行元件空载快速运动时，大流量泵 1 的压力油经单向阀 6 后和小流量泵 2 的供油汇合，共同向系统供油；当工作进给时，系统压力升高，液控顺序阀 4 打开，大流量泵 1 卸荷，单向阀 6 关闭，系统由小流量泵 2 供油做慢速工作进给运动。图中溢流阀 3 控制小流量泵 2 的供油压力，它根据系统工作时所需最大压力来调整；液控顺序阀 4 则使大流量泵 1 在快速空程时供油，工作进给时卸荷，它的调整压力应高于快速空程而低于工作进给时所需的压力。这种回路比单泵供油时功率损失小，效率较高。它常用于组合机床液压系统。

（3）采用蓄能器的快速回路

当液压系统在一个工作循环中，只在很短的时间需要大量供油时，可以采用蓄能器供油给快速运动回路。回路结构见图 3-26 所示。

当换向阀 5 在中位时，液压泵 1 启动后首先向蓄能器 4 供油。当蓄能器的充油压力达到设定值时，液控卸荷阀 2 打开，液压泵卸荷，蓄能器完成能量存储；当换向阀 5 动作后，液压泵和蓄能器同时经过换向阀向液压

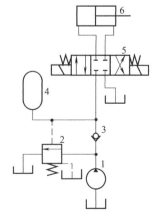

图 3-26 采用蓄能器的快速运动回路
1—液压泵；2—液控卸荷阀；3—单向阀；
4—蓄能器；5—换向阀；6—液压缸

缸 6 供油，使液压缸快速运动，这时蓄能器 4 释放能量。蓄能器工作压力由液控卸荷阀 2 事先调整好，调整值应该高于系统的最高压力，以保证液压泵的油液能够全部进入系统。这种回路适合于在一个工作循环周期内有较长停歇时间的应用场合，以保证液压泵能完成对蓄能器的充液。例如，当自动变速器的操纵离合器或汽车起重机的卷筒离合器快速脱开时可以采用类似的回路。

3. 速度切换回路

设备的工作部件在实现自动循环的工作过程中，往往需要进行速度转换，如从快进转为工进，从第一种工进转为第二种工进等。并且在速度切换过程中，在尽可能不产生前冲现象，以保持速度切换平稳。

（1）快速与慢速的切换回路

图 3-27 所示是用二位二通电磁阀与调速阀并联的快慢速切换回路。这种回路可能实现快进→工进→快退→停止的工作循环。

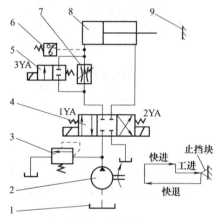

图 3-27 用电磁阀与调速阀并联的速度切换回路
1—油箱；2—液压泵；3—溢流阀；4—三位四通电磁阀；5—二位二通电磁阀；6—压力继电器；7—调速阀；8—液压缸；9—止挡块

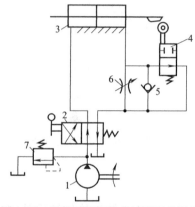

图 3-28 用行程阀切换的速度切换回路
1—液压泵；2—换向阀；3—液压缸；4—行程阀；5—单向阀；6—节流阀；7—溢流阀

图 3-28 所示是用行程阀切换的速度切换回路。这种回路的快慢速切换比较平稳，而且切换点位置比较准确。缺点是行程阀的安装位置有所限制。

（2）两种进给速度的切换回路

图 3-29 所示为两个调速阀串联的二次工进速度切换回路。在这种回路中，调速阀 B 的开口必须小于调速阀 A 的开口。

图 3-30 所示为两个调速阀并联的二次工进速度切换回路。如图 3-30（a）所示的回路中，一个调速阀工作时，另一个调速阀中无液压油通过，它的减压阀处于最大开口位置，在速度切换时，大量油液瞬间通过减压阀而进入液压缸，会使液压缸产生突然前冲的现象。因此，此种回路

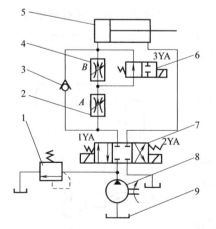

图 3-29 调速阀串联的二次工进速度切换回路
1—溢流阀；2,4—调速阀；3—单向阀；5—液压缸；6—二位二通电磁阀；7—三位四通电磁阀；8—液压泵；9—油箱

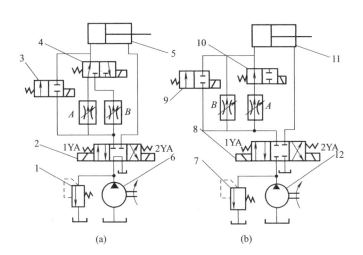

图 3-30 调速阀并联的二次工进速度切换回路

1,7—溢流阀；2,8—三位四通电磁阀；3,4,9,10—二位二通电磁阀；
5,11—液压缸；6,12—液压泵

不宜用于在工作过程中的速度切换。如果采用图 3-30（b）所示回路，就可以避免液压缸突然前冲的现象，保证速度切换平稳。在图 3-30 中，当电磁阀 2 位于右位、电磁阀 3 位于左位时，液压缸为工作回程。

【任务实施】

搭建如图 3-31 所示的液压式无级变速器液压系统图。根据图示的液压系统找出相应的液压元件，搭建液压系统，注意将液压元件在实验台上固定好，连接好管路，老师检查无误后再接通电源。使搭建的液压系统能调节液压马达的转速，并分析其调速原理。

【知识拓展】

1. 汽车防抱死制动液压系统

现代 ABS（防抱死制动系统）尽管采用的控制方式、方法以及结构形式各不相同，但

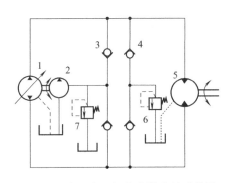

图 3-31 液压式无级变速器液压系统图

1—变量泵；2—辅助泵；3,4—单向阀；
5—定量马达；6,7—安全阀

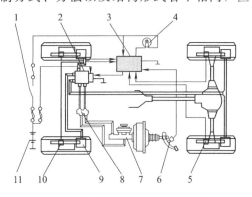

图 3-32 汽车 ABS 组成示意图

1—点火开关；2—制动压力调节器；3—ABS 电控单元；4—ABS 警示灯；5—后轮速度传感器；6—停车灯开关；7—制动主缸；8—比例分配阀；9—制动轮缸；10—前轮速度传感器；11—蓄电池

除原有的传统的常规制动装置外，一般 ABS 都是由传感器、电子控制器和执行器三大部分组成的。其中传感器主要是车轮转速传感器，执行器主要指制动压力调节器，如图 3-32 所示。

汽车 ABS 液压控制系统是在普通制动系统的液压装置基础上经设计后加装 ABS 制动压力调节器而形成的。实质上，ABS 系统就是通过电磁阀控制分泵上的油压迅速变大或变小，从而实现了防抱死制动功能。

汽车 ABS 液压系统工作过程实际就是制动压力调节器的工作过程。液压系统图如图 3-33 所示。其工作过程如下。

（1）常规制动过程

常规制动过程如图 3-34 所示，电磁阀不通电，柱塞在图示位置，主缸和轮缸管路相通，制动主缸可随时控制制动压力的增减。此时电动泵不工作。

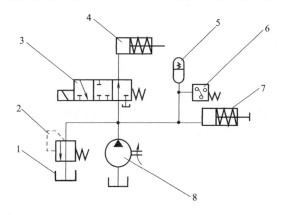

图 3-33 汽车 ABS 液压系统图

1—储液器；2—安全阀；3—电磁阀；4—制动轮缸；5—储能器；6—压力报警开关；7—制动主缸；8—电动泵

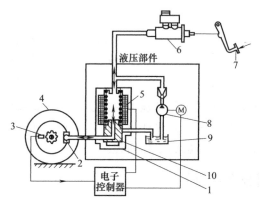

图 3-34 常规制动过程

1—电磁阀；2—轮缸；3—传感器；4—车轮；5—线圈；6—主缸；7—踏板；8—电动泵；9—储液器；10—柱塞

（2）减压过程

当电脑给电磁阀提供较大电流时，柱塞移至上端，制动主缸和制动轮缸的通路被断开，制动轮缸和储液器接通，轮缸的制动液流入储液器，制动压力降低。与此同时，电动机带动电动泵工作，把流回储液器的制动液加压后送回制动主缸，如图 3-35 所示。

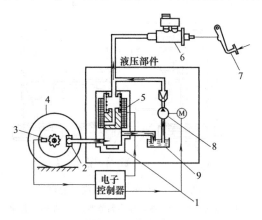

图 3-35 减压过程

1—电磁阀；2—轮缸；3—传感器；4—车轮；5—线圈；6—主缸；7—踏板；8—电动泵；9—储液器

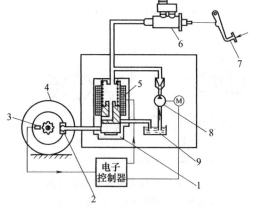

图 3-36 保压过程

1—电磁阀；2—轮缸；3—传感器；4—车轮；5—线圈；6—主缸；7—踏板；8—电动泵；9—储液器

(3) 保压过程

当电脑给电磁阀通较小电流时,柱塞移至图 3-36 所示位置,所有的通路都被断开,制动器制动压力保持不变。

(4) 增压过程

当电脑对电磁阀断电后,柱塞又回到图 3-37 所示位置。制动主缸和制动轮缸再次相通,主缸的高压制动液再次进入制动轮缸,增加制动压力。增压和减压的速度可直接通过电磁阀的进出油口来控制。

通常,ABS 只有在汽车速度达到一定程度(如 5km/h 或 8km/h)时,才会对制动过程中趋于抱死的车轮的制动压力进行调节。当汽车速度降到一定程度时,因为车速很低,车轮制动抱死对汽车制动性能的不利影响很小,为了使汽车尽快制动停车,ABS 就会自动终止防抱死制动压力调节,其车轮仍可能被制动抱死。

在制动过程中,如果常规制动系统发生故障,ABS 会随之失去控制作用。若只是 ABS 发生故障、常规制动系统正常时,汽车制动过程仍像常规制动过程一样照常进行,只是失去防抱死控制作用。现代 ABS 一般都能对系统的工作情况进行监测,具有失效保护和自诊断功能,一旦发现影响 ABS 正常工作的故障时,将自动关掉 ABS,恢复常规制动,并将 ABS 警示灯点亮,向驾驶员发出警示信号,提醒驾驶员及时进行修理。

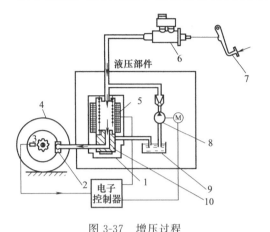

图 3-37 增压过程

1—电磁阀;2—轮缸;3—传感器;4—车轮;5—线圈;
6—主缸;7—踏板;8—电动泵;9—储液器;10—柱塞

2. 汽车自动变速器液压控制系统

汽车自动变速器液压控制系统由动力源、执行机构和控制机构三部分组成。如图 3-38 所示。

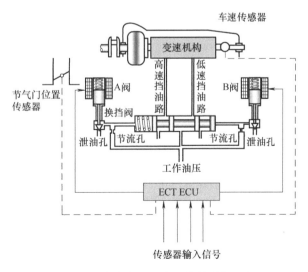

图 3-38 自动变速器液压控制系统组成

动力源是被液力变矩器泵轮驱动的液压泵,它除了向控制机构、执行机构供给压力油以实现换挡外,还给液力变矩器提供冷却补偿油,向行星齿轮变速器供给润滑油。

执行机构包括各离合器、制动器、单向锁止离合器。

控制机构大体包括主油路系统、换挡信号系统、换挡阀系统和缓冲安全系统。根据其换挡信号系统和换挡阀系统采用的是全液压元件还是电子元件可将控制机构分为液控式和电控式两种形式。

自动变速器液压控制系统利用管路把诸多的液压元件(阀类)、换挡执行机构合理地连接起来形成油路,控制液流的流向来实现自动换挡的目的。一般汽车自动变速器都把诸多液压元件、液压油的各个通路,集中设置在一个总的集中组合阀体(简称阀体)内。

自动变速器工作原理如下:液压泵输出液压油进入系统中,通过主调压阀的作用,根据车速和发动机负荷率的变化,将油泵的压力精确调节至规定值,形成稳定的工作油压再输入主油路中。主油路中的换挡阀组(包括手控阀和换挡阀)通过改变液压操纵油路的方向来控制执行机构的工作,使自动变速器完成换挡动作。而换挡阀何时换挡受手控阀的位置、节气门阀和调速阀所输入的油压的大小以及电磁阀的通断状态所控制,图3-39(a)和图3-39(b)分别表示自动变速器在低挡位和高挡位液压系统的工作状态。

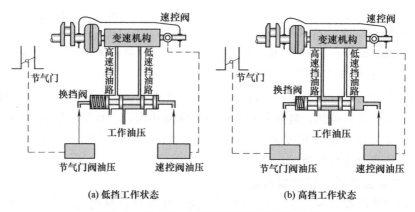

(a) 低挡工作状态　　　　　　　　　(b) 高挡工作状态

图 3-39　自动变速器液压控制系统工作状态

换挡阀实际是电磁阀控制的液动换向阀,换挡阀的工作完全由换挡电磁阀控制。电磁阀与换挡阀具体工作情况如表3-1所示。

表 3-1　电磁阀与换挡阀工作情况

换挡阀	挡位	换 挡 情 况	原 理 图
1~2 换挡阀	1	ECU给出信号关闭电磁阀A,而让电磁阀B通电,1~2换挡阀阀芯向左移动,关闭2挡油路;2~3换挡阀阀芯右移,关闭3挡油路,同时主油路油压作用在3~4换挡阀阀芯右端,让3~4换挡阀阀芯停留在右位,即只有1挡油路(直接离合器油路)连通,变速器挂入1挡	

续表

换挡阀	挡位	换挡情况	原理图
1～2换挡阀	2	ECU给出信号让电磁阀A和电磁阀B同时通电，1～2换挡阀右端油压下降，阀芯向右移动，打开2挡油路，变速器挂入2挡	
2～3换挡阀	3	2～3换挡阀由换挡电磁阀B控制，故此时不考虑换挡电磁阀A（换挡电磁阀A通电）。ECU给出信号让电磁阀B断电，2～3挡电磁阀右端油压上升，阀芯向左移动，打开3挡油路，变速器挂入3挡。同时主油路油压作用在1～2换挡阀左端，而让3～4换挡挡阀芯左端控制油压泄压	
	2	如要强制降入2挡，换挡电磁阀B通电（换挡电磁阀A通电）	
3～4换挡阀	4	ECU给出信号使电磁阀A和电磁阀B均不通电，3～4换挡阀阀芯右端控制压力升高，阀芯向左移动，关闭直接挡离合器油路，接通超速制动器油路，由于1～2换挡阀阀芯左端作用着主油路油压，虽然右端有压力油作用，但阀芯仍然保持在右端不能左移	
	3	如要强制挂入3挡，换挡电磁阀A通电，换挡电磁阀B不通电	

为提高自动变速器换挡品质，保证汽车的乘坐舒适度，在液压系统中设置了缓冲安全系统，以保证换挡的可靠性和平顺性。为防止自动变速器在换挡时出现冲击，装有许多起缓冲和安全作用的缓冲阀、蓄压减振器。这类装置统称为缓冲安全系统。

学习小结

本情境结合典型汽车液压系统介绍了三种液压基本回路，即方向控制回路、压力控制回路和速度控制回路。并讲述了汽车液压动力转向系统、自卸车液压系统和液压式无级变速器液压系统的组成和工作过程。

自我评估

1. 填空题

(1) 在液压传动中，常用的方向控制回路有_____回路和_____回路。

(2) 如果调速回路既要求效率高，又要求有良好的低速稳定性，则可采用_____调速回路。

(3) 常用的节流调速回路有_____节流调速和_____节流调速两种回路。

(4) 汽车液压动力转向系统主要采用_____回路来实现助力作用。

(5) 在自卸汽车液压系统中,为防止车厢由于自重而引起快速下落,回路中设有_____阀。

(6) 液压式自动变速器采用_____和_____组成的_____调速回路。

(7) 汽车 ABS 液压系统的实质就是_____回路。能完成_____、_____、_____和_____功能。

(8) 汽车自动变速器液压控制系统由_____、_____和_____三部分组成

(9) 汽车自动变速器液压系统是根据换挡需要,通过_____阀的作用,使液压油驱动相应的执行元件,从而达到不同的挡位。

(10) 换挡阀实际是电磁阀控制的_____阀

2. 选择题

(1) 在换向回路中,当流量较大(1L/s 以上)时,则换向阀的控制方式一般应采用( )。

　　A. 手动控制　　　B. 机动控制　　　C. 电磁控制　　　D. 液动控制

(2) 以下属于方向控制回路的是( )。

　　A. 换向和锁紧回路　　B. 调压和卸载回路　　C. 节流调速回路和速度换接回路

(3) 与节流阀组成的节流调速回路相比较,调速阀组成的节流调速回路的显著特点是( )。

　　A. 流量稳定性好　　　　　　　B. 结构简单,成本低

　　C. 调节范围大　　　　　　　　D. 最小压差的限制较小

(4) 卸荷回路( )。

　　A. 可节省动力消耗,减少系统发热,延长液压泵使用寿命

　　B. 可采用滑阀机能为"O"或"H"型换向阀来实现

　　C. 可使控制系统获得较低的工作压力

　　D. 不可用换向阀来实现卸载

(5) 进油路节流调速和回油路节流调速相比,进油路节流调速具有下面哪项性能( )。

　　A. 能承受负值负载　B. 运动平稳　　　C. 发热油回油箱　　D. 启动平稳

(6) 以下关于容积节流调速的论述,正确的是( )。

　　A. 主要由定量泵和调速阀组成

　　B. 工作稳定,效率较高

　　C. 在较低的速度工作时,运动不够稳定

　　D. 比进油、回油两种节流调速回路的平稳性差

(7) 液压式无级变速器采用的是哪种调速回路( )。

　　A. 进油路节流调速回路

　　B. 定量泵和变量马达组成的容积调速回路

　　C. 变量泵和定量马达组成的容积调速回路

　　D. 变量泵和变量马达组成的容积调速回路

(8) 自卸汽车防止车厢自重而引起的加速下落,采用了何种回路( )。

A. 限压回路　　　　B. 保压回路　　　　C. 平衡回路　　　　D. 卸荷回路

（9）汽车 ABS 液压系统采用的基本回路是（　　）。

A. 保压回路　　　　B. 卸荷回路　　　　C. 调压回路　　　　D. 限压回路

（10）汽车自动变速器液压系统采用的基本回路是（　　）。

A. 调压回路　　　　B. 换向回路　　　　C. 调速回路　　　　D. 速度换接回路

3. 判断题

（　）（1）采用液控单向阀的闭锁回路比采用换向阀的闭锁回路的锁紧效果好。

（　）（2）卸荷回路用的主要液压元件是滑阀机能为"M"、"Y"类型的三位四通换向阀或者是二位二通换向阀。

（　）（3）为提高进油路节流调速回路的运动平稳性，可在回油路上串联一个换装硬弹簧的单向阀。

（　）（4）回油路节流调速回路与进油路节流调速回路的调速特性相同。

（　）（5）节流调速回路的特点是功率损耗大，效率低，只适用于功率较小的液压系统。

（　）（6）汽车液压式无级变速器一般采用的是节流调速回路。

（　）（7）汽车 ABS 液压系统出现故障后，车辆即失去了制动性。

（　）（8）汽车自动变速器是通过换挡阀来实现不同的挡位，其实际就是换挡阀组成的调压回路。

（　）（9）自卸汽车液压系统中的平衡阀起到调压作用。

（　）（10）换挡阀实际是电磁阀控制的液动换向阀。

4. 问答题

（1）液压基本回路分为哪几种？各有何功能？

（2）汽车液压式无级变速器液压系统由哪种回路组成？工作过程如何？

（3）汽车制动系统使用的主要液压阀有哪些？各有何作用？

（4）试说出汽车自动变速器从 2 挡升入 3 挡液压系统的工作过程。

（5）试用液压元件的图形符号绘出图 3-39 所示的自动变速器两种工作状态的液压系统图。

评价标准

本学习情境的评价内容包括专业能力评价、方法能力评价及社会能力评价3个部分。其中自我评分占30%、组内相互评分占35%、教师评分占35%，总计为100%，见下表。

学习情境3 综合评价表

种类	项目	内 容	配分	考核要求	扣分标准	自我评分30%	组内评分35%	教师评分35%
专业能力评价	任务实施计划	1. 实训的态度及积极性 2. 实训方案制订及合理性 3. 安全操作规程遵守情况 4. 考勤、遵守纪律情况 5. 完成技能训练报告	30	实训目的明确，积极参加实训，遵守安全操作规程和劳动纪律，有良好的职业道德和敬业精神；技能训练报告符合要求	实训计划占5分；安全操作规程占5分；考勤及劳动纪律占5分；技能训练报告完整性占15分			
	任务实施情况	1. 三种基本液压回路分析 2. 搭建汽车液压动力转向系统 3. 搭建自卸车液压系统 4. 搭建液压式无级变速器液压系统 5. 任务的实施规范化,安全操作	30	能搭建方向控制回路、压力控制回路和速度控制回路；能搭建典型汽车液压系统，并能分析其工作过程；能分析汽车自动变速器液压系统的工作过程；任务实施符合安全操作规程而且功能实现完整	典型汽车液压系统建立并分析工作过程占20分；任务实施完整性占10分			
	任务完成情况	1. 相关工具的使用 2. 相关知识点的掌握 3. 任务的实施完整情况	20	能正确使用相关工具；掌握相关的知识点；具有排除异常情况的能力并提交任务实施报告	工具的整理及使用占10分；知识点的应用及任务实施完整性占10分			
方法能力评价		1. 计划能力 2. 决策能力	10	能够查阅相关资料制订实施计划；能够独立完成任务	查阅相关资料能力占5分；选用方法合理性占5分			
社会能力评价		1. 团结协作 2. 敬业精神 3. 责任感	10	具有组内团结合作、协调能力；具有敬业精神及责任感	团结合作、协调能力占5分；敬业精神及责任心占5分			
合计			100					

学习情境 4
汽车气压制动系统分析

 学习目标

能力目标
- 能识别常用气压元件。
- 会分析汽车常用气压传动系统。

知识要求
- 了解气压传动系统结构组成和工作原理。
- 掌握气压元件的种类、作用及图形符号。
- 掌握汽车典型气压传动系统的组成和工作原理。

技能要求
- 熟悉常用气压元件图形符号,正确绘制简单气压回路图。
- 能够正确选择气压元件并组装汽车典型气压传动系统回路。
- 能够正确分析汽车气压传动基本回路。

【任务描述】

汽车制动系统一般采用液压制动,但在一些大型客车及卡车上都采用气压制动系统。气压制动是用制动踏板控制一个阀门从而控制制动力。制动时,空气压力从储气筒通向各制动分泵。制动管路里的空气压力使制动分泵工作,并带动制动器工作。与液压制动相比,气压制动的可靠性相对较高且制动力大,故在一些大型客车及卡车上都采用这种制动系统,但气压制动对管路的密封性要求严格,制动噪声较大,而且驾驶员起步之前需等待储气罐内的压力达到规定值。结合如图 4-1 所示的 CA1091 制动系统来学习汽车气压传动。

图 4-1 CA1091 汽车模型

【任务分析】

结合图 4-1 确定如图 4-2 所示的 CA1091 汽车的双回路气压制动系统示意图。由发动机驱动空气压缩机将压缩空气经单向阀首先输入湿储气罐中,进行冷却、油水分离,然后输入到前、后制动储气罐中,对前后轮分别进行制动,这样保证在一个回路发生故障时,另一个回路仍具有一定的制动力,从而提高汽车安全性。湿储气罐有压力开关,当罐内压力达到 0.7~0.74MPa 时,安全阀开启,空气压缩机卸荷。

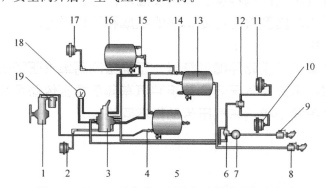

图 4-2 CA1091 汽车的双回路气压制动系统示意图

1—空气压缩机;2,17—前制动轮缸;3—制动阀;4,14,15—储气罐单向阀;5—湿储气罐;6—或门型梭阀;7—挂车制动阀;8—挂车储气罐充气开关;9—挂车分离开关;10,11—后制动轮缸;12—快放阀;13—前制动储气罐;16—后制动储气罐;18—双针气压表;19—安全阀

制动阀为串列双腔制动阀,不制动时,前、后制动轮缸分别经制动阀和快放阀与大气相通。当制动时,制动阀同时接通前、后储气罐与前、后制动轮缸,进行制动。这种制动阀的优点在于,即使前后制动管路有一个发生爆裂,另一管路仍能得到压缩空气进行制动,充分

地保证汽车行驶的安全性。

此制动系统还有一条通往挂车的制动回路，在不制动时，有前储气罐向挂车储气罐充气。制动时，前、后储气罐的压缩空气同时进入梭阀中，压力较大者通过梭阀进入到挂车制动阀中，对挂车进行制动。

【知识准备】

1. 气压传动系统的主要元部件

（1）气源装置

与液压泵一样，气源装置也是动力源，目前常采用的气源装置有压缩空气站和空气压缩机两种。一般规定：排气量大于或等于 $6\sim12m^3/min$ 时，就应独立设置压缩空气站；若排气量低于 $6m^3/min$ 时，可使用空气压缩机供气。为保证气压传动系统正常工作，对其所使用的压缩空气，必须经降温、净化、减压、稳压等一系列处理后方能输入到管路中。

① 压缩空气站　一般压缩空气站的净化流程装置如图4-3所示，空气首先经过过滤器过滤去部分灰尘、杂质后进入压缩机1，压缩机输出的空气先进入后冷却器2进行冷却，当温度下降到40~50℃时使油气与水汽凝结成油滴和水滴，然后进入油水分离器3，使大部分油、水和杂质从气体中分离出来；将得到的初步净化的压缩空气送入储气罐中（一般称为一次净化系统）。对于要求不高的气压系统即可从储气罐4直接供气。但对仪表用气和质量要求高的工业用气，则必须进行二次和多次净化处理。即将经过一次净化处理的压缩空气再送进干燥器5进一步除去气体中的残留水分和油。在净化系统中干燥器Ⅰ和Ⅱ交换使用，其中闲置的一个利用加热器8吹入的热空气进行再生，以备接替使用。四通阀9用于转换两个干燥器的工作状态，过滤器6的作用是进一步清除压缩空气中的颗粒和油气。经过处理的气体进入储气罐7，可供给气动设备和仪表使用。

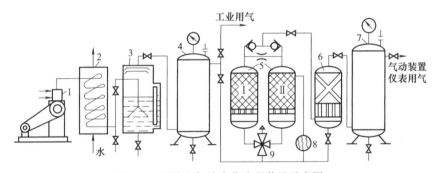

图4-3　压缩空气站净化流程装置示意图

1—压缩机；2—后冷却器；3—分离器；4,7—储气罐；5—干燥器；6—过滤器；8—加热器；9—四通阀

② 空气压缩机　空气压缩机是气动系统的动力源，它把电动机输出的机械能转换成气压能输送给气动系统。

空气压缩机的种类很多，但按工作原理主要可分为容积式和速度式（叶片式）两类。在容积式压缩机中，气体压力的提高是由于压缩机内部的工作容积被缩小，使单位体积内气体的分子密度增加而形成的；而在速度式压缩机中，气体压力的提高是由于气体分子在高速流动时突然受阻而停滞下来，使动能转化为压力能而达到的。容积式压缩机按结构不同又可分为活塞式、膜片式和螺杆式等；速度式压缩机按结构不同可分为离心式和轴流式等；目前，汽车上常使用活塞式压缩机来获得压缩空气。下面介绍活塞式压缩机的工作原理。

活塞式压缩机是通过曲柄连杆机构使活塞作往复运动而实现吸、压气,并达到提高气体压力的目的。图 4-4 为一单级单作用活塞式压缩机工作原理图。它主要由缸体 1、活塞 2、活塞杆 3、曲柄连杆机构 4、吸气阀 5 和排气阀 6 等组成。

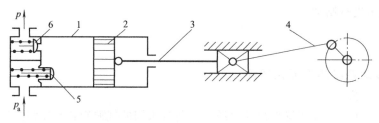

图 4-4　单级单作用活塞式压缩机工作原理图
1—缸体；2—活塞；3—活塞杆；4—曲柄连杆机构；5—吸气阀；6—排气阀

曲柄由原动机（电动机）带动旋转，从而驱动活塞在缸体内往复运动。当活塞向右运动时，汽缸内容积增大而形成部分真空，外界空气在大气压力下推开吸气阀 5 而进入汽缸中；当活塞反向运动时，吸气阀关闭，随着活塞的左移，缸内空气受到压缩而使压力升高，当压力增至足够高（即达到排气管路中的压力）时排气阀 6 打开，气体被排出。并经排气管输送到储气罐中。曲柄旋转一周，活塞往复行程一次，即完成一个工作循环。

（2）气源净化装置

① 空气过滤器　空气中所含的杂质和灰尘，若进入机体和系统中，将加剧相对滑动件的磨损，加速润滑油的老化，降低密封性能，使排气温度升高，功率损耗增加，从而使压缩空气的质量大为降低。所以在空气进入压缩机之前，必须经过空气过滤器，以滤去其中所含的灰尘和杂质。过滤的原理是根据固体物质和空气分子的大小和质量不同，利用惯性、阻隔和吸附的方法将灰尘和杂质与空气分离。

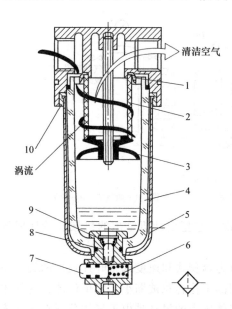

图 4-5　二次过滤器结构图
1—导流片；2—滤芯；3—挡水板；4—水杯；
5—保护罩；6—复位弹簧；7—按钮；
8—阀芯；9—锥形弹簧；10—卡环

一般空气过滤器基本上是由壳体和滤芯所组成的，按滤芯所采用的材料不同又可分为纸质、织物（麻布、绒布、毛毡）、陶瓷、泡沫塑料和金属（金属网、金属屑）等过滤器。空气压缩机中普遍采用纸质过滤器和金属过滤器。这种过滤器通常称为一次过滤器，其滤灰效率为 50%～70%；在空气压缩机的输出端（即气源装置）使用的为二次过滤器（滤灰效率为 70%～90%）和高效过滤器（滤灰效率大于 99%）。

二次过滤器通常与减压阀、油雾器组合在一起使用，合称气动三联件。其作用是滤除压缩空气中的灰尘，除去液态的油污和水滴（但不能除去气态物质），使压缩空气进一步净化。其排水方式有手动和自动之分。

图 4-5 所示为常见的二次过滤器结构图。其基本工作原理是间隙过滤，离心分离。从入口流入的压缩空气，在导流片 1 的引导下，沿其切线方向缺口强烈旋转，在离心力作用下，其中所混的油滴、

水滴及较大灰尘颗粒被甩到水杯 4 的内壁上，再流到杯底（按动按钮 7 可将杯底所集油水排出）。经过此处理过程的压缩空气，再通过滤芯 2 进一步除去微小灰尘颗粒，然后从出口流出。挡水板 3 用来防止水杯底部所集油水重新被卷回气流中。

二次过滤器的滤芯有烧结型、纤维聚结型和金属网型三种。选用的依据主要是气动系统所需过滤精度及空气流量。应尽可能按实际所需标准状态下的流量选择二次过滤器的额定流量。如果通过过滤器的流量过小、流速太低、离心力太小，就不能有效清除油水和杂质；如果流量过大、压力损失太大，水分离效率也会降低。

二次过滤器应设在用气设备附近温度较低处，安装时要垂直放置，注意排水并定期清洗、更换滤芯（压缩空气流过时其上产生的压降应小于 0.05MPa）。

② 除油器　除油器用于分离压缩空气中所含的油分和水分。其工作原理是：当压缩空气进入除油器后产生流向和速度的急剧变化，再依靠惯性作用，将密度比压缩空气大的油滴和水滴分离出来，图 4-6 为其结构示意图。压缩空气进入除油器后，气流转折下降，然后上升，依靠转折时的离心力的作用析出油滴和水滴。

③ 空气干燥器　空气干燥器是吸收和排除压缩空气中的水分和部分油分与杂质，使湿空气变成干空气的装置，由图 4-3 可知，从压缩机输出的压缩空气经过冷却器、除油器和储气罐的初步净化处理后已能满足一般气动系统的使用要求。但对一些精密机械、仪表等装置

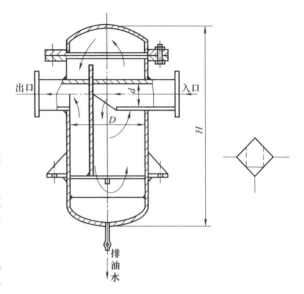

图 4-6　回转式除油器

还不能满足要求。为此，需要进一步净化处理，为防止初步净化后的气体中的含湿量对精密机械、仪表产生锈蚀，要进行干燥和再精过滤。

压缩空气的干燥方法主要有机械法、离心法、冷冻法和吸附法等。机械和离心除水法的原理基本上与除油器的工作原理相同。目前在工程实际中常用的是冷冻法和吸附法。

冷冻式干燥器是使压缩空气冷却到一定的露点温度，然后析出相应的水分，使压缩空气达到一定的干燥度。此方法适用于处理低压大流量、并对干燥度要求不高的压缩空气。压缩空气除用冷冻设备冷却外，也可采用制冷剂直接蒸发，或采用冷却液间接冷却的方法。

吸附式干燥器主要是利用硅胶、活性氧化铝、焦炭、分子筛等物质表面能吸附水分的特性来清除水分的。由于水分和这些干燥剂之间没有化学反应，所以不需要更换干燥剂，但必须定期再生干燥。

图 4-7 所示为一种不加热再生式干燥器，它有两个填满干燥剂的相同容器。空气从一个容器的下部流到上部，水分被干燥剂吸收而得到干燥，一部分干燥后的空气又从另一个容器的上部流到下部，从饱和的干燥剂中把水分带走并放入大气。即实现了不需外加热源而使吸附剂再生，Ⅰ、Ⅱ 两容器定期地交换工作（约 5~10min），使吸附剂产生吸附和再生，这样可得到连续输出的干燥压缩空气。

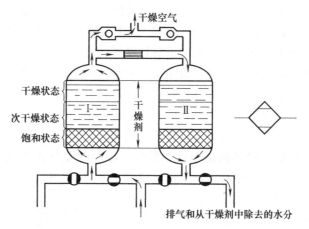

图 4-7 不加热再生式干燥器

④ 后冷却器 后冷却器用于将空气压缩机排出的气体冷却并除去水分。一般采用蛇管式或套管式冷却器,蛇管式冷却器的结构主要由一个蛇状空心盘管和一只盛装此盘管的圆筒组成。蛇状盘管可用铜管或钢管弯制而成,蛇管的表面积即为冷却器的散热面积。由空气压缩机排出的热空气由蛇管上部进入,通过管外壁与管外的冷却水进行热交换,冷却后,由蛇管下部输出。这种冷却器结构简单,使用和维修方便,因而被广泛用于流量较小的场合。

套管式冷却器的结构如图 4-8 所示,压缩空气在外管与内管之间流动,内、外管之间由支承架来支承。这种冷却器流通截面小,易达到高速流动,有利于散热冷却,管间清理也较方便。但其结构笨重,消耗金属量大,主要用在流量不太大,散热面积较小的场合。

另外一种常用的后冷却器是列管式冷却器,如图 4-9 所示;它主要由外壳 3、封头 1、隔板 6、活动板 4、冷却水管 5、固定板 2 所组成。冷却水管与隔板、封头焊在一起。冷却水在管内流动,空气在管间流动,活动板为月牙形。这种冷却器可用于较大流量的场合,具体参数可查阅有关资料,这里不再列出。

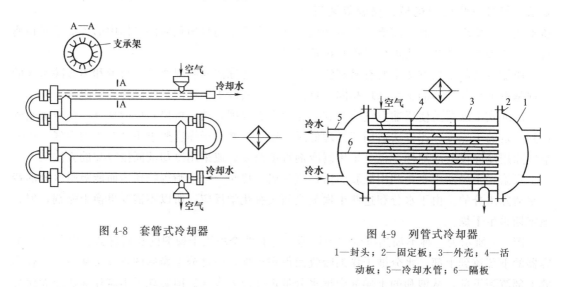

图 4-8 套管式冷却器

图 4-9 列管式冷却器
1—封头;2—固定板;3—外壳;4—活动板;5—冷却水管;6—隔板

⑤ 储气罐 储气罐的作用是消除压力波动,保证输出气流的连续性;储存一定数量的压缩空气,调节用气量或准备发生故障时应急使用,另外,储气罐还可进一步分离压缩空气

中的水分和油分。储气罐一般采用圆筒状焊接结构，有立式和卧式两种，一般以立式居多。立式储气罐的高度为其直径的 2～3 倍，同时应使进气管在下，出气管在上，并尽可能加大两管之间的距离，以利于进一步分离空气中的油和水。同时，每个储气罐应有以下附件：

a. 调整极限压力的安全阀，通常比正常工作压力高 10%；

b. 清理、检查用的孔口；

c. 指示储气罐罐内空气压力的压力表；

d. 储气罐的底部应有排放油水的接管。

在选择储气罐的容积 V_c 时，一般都是以空气压缩机每分钟的排气量 q 为依据选择的。即

当 $q<6m^3/min$ 时，取 $V_c=1.2m^3$；当 $q<6～30m^3/min$ 时，取 $V_c=1.2～4.5m^3$；当 $q>30m^3/min$ 时，取 $V_c=4.5m^3$。

后冷却器、除油器和储气罐都属于压力容器，制造完毕后，应进行水压试验。目前，在气压传动中，后冷却器、除油器和储气罐三者一体的结构形式已被采用，这使压缩空气站的辅助设备大为简化。

（3）执行元件

气动系统常用的执行元件为汽缸和气马达。汽缸用于实现直线往复运动，输出力和直线位移。气马达用于实现连续回转运动，输出力矩和角位移。

① 汽缸

汽缸主要由缸筒、活塞、活塞杆、前后端盖及密封件等组成（如图 4-10 所示）。

汽缸的种类很多，按活塞端面的受压状态分为单作用与双作用汽缸；按其结构特征可分为活塞式汽缸、柱塞式汽缸、薄膜式汽缸、叶片式摆动汽缸、齿轮齿条摆动汽缸等；按功能分为普通汽缸和特殊汽缸。

汽缸的工作原理与液压缸的工作原理基本相同。如图 4-10 所示为双作用汽缸。所谓双作用是指活塞的往复运动均由压缩空气来推动。在单伸出活塞杆的动力缸中，因活塞右边面积比较大，当空气压力作用在右边时，提供一慢速的和作用力大的工作行程；返回行程时，由于活塞左边的面积较小，所以速度较快而作用力变小。此类汽缸的使用最为广泛，一般应用于包装机械、食品机械、加工机械等设备上。

如图 4-11 所示的汽车中常用的薄膜式汽缸（又称为膜片式制动气室）为单作用汽缸，它利用压缩空气通过膜片的变形来推动活塞杆做直线运动。

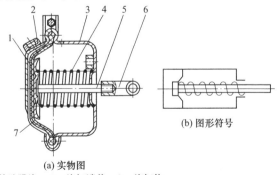

(a) 实物图
1—橡胶膜片；2—汽缸端盖；3—汽缸体；
4—弹簧；5—推杆；6—连接叉；7—支承盘

(b) 图形符号

图 4-11 单作用汽缸

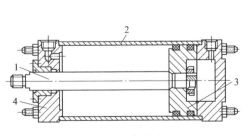

图 4-10 双作用汽缸
1—活塞杆；2—缸筒；3—活塞；4—缸盖

② 气马达　气马达的结构和工作原理与液压马达相似，在此不再赘述。

(4) 控制元件

控制元件按其作用和功能分为压力控制阀、流量控制阀和方向控制阀三类。

1) 压力控制阀　压力控制阀主要有减压阀、溢流阀和顺序阀。

① 减压阀　减压阀的作用是降低由空气压缩机来的压力，以适合每台气动设备的需要，并使这一部分压力保持稳定。按调节压力方式不同，减压阀有直动型和先导型两种。

a. 直动型减压阀。如图4-12所示为直动型减压阀。其工作原理是：阀处于工作状态时，压缩空气从左侧入口流入，经阀口11后再从阀出口流出。当顺时针旋转手柄1，调压弹簧2、3推动膜片5下凹，再通过阀杆6带动阀芯9下移，打开进气阀口11，压缩空气通过阀口11的节流作用，使输出压力低于输入压力，以实现减压作用。与此同时，有一部分气流经阻尼孔7进入膜片室12，在膜片下部产生一向上的推力。当推力与弹簧的作用相互平衡后，阀口开度稳定在某一值上，减压阀就输出一定压力的气体。阀口11开度越小，节流作用越强，压力下降也越多。

若输入压力瞬时升高，经阀口11以后的输出压力随之升高，使膜片气室内的压力也升高，破坏了原有的平衡，使膜片上移，有部分气流经溢流孔4、排气口13排出。在膜片上移的同时，阀芯在复位弹簧10的作用下也随之上移，减小进气阀口11开度，节流作用加大，输出压力下降，直至达到膜片两端作用力重新平衡为止，输出压力基本上又回到原数值上。相反，输入压力下降时，进气节流阀口开度增大，节流作用减小，输出压力上升，使输出压力基本回到原数值上。

b. 先导型减压阀。如图4-13所示为先导型减压阀，它由先导阀和主阀两部分组成。当气流从左端流入阀体后，一部分经进气阀口9流向输出口，另一部分经固定节流孔1进入中气室5，经喷嘴2、挡板3、孔道反馈至下气室6，再经阀杆7中心孔及排气孔8排至大气。

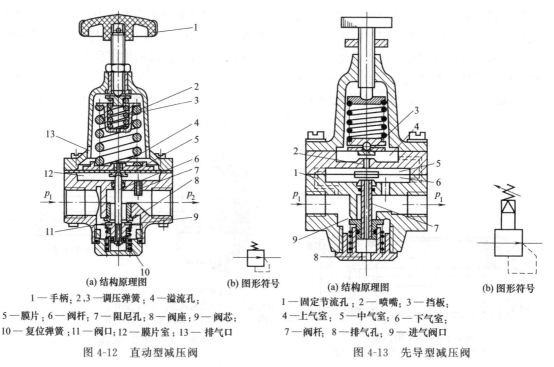

图4-12　直动型减压阀
1—手柄；2,3—调压弹簧；4—溢流孔；
5—膜片；6—阀杆；7—阻尼孔；8—阀座；9—阀芯；
10—复位弹簧；11—阀口；12—膜片室；13—排气口

图4-13　先导型减压阀
1—固定节流孔；2—喷嘴；3—挡板；
4—上气室；5—中气室；6—下气室；
7—阀杆；8—排气孔；9—进气阀口

把手柄旋到一定位置，使喷嘴与挡板的距离在工作范围内，减压阀就进入工作状态。中气室 5 的压力随喷嘴与挡板间距离的减小而增大，于是推动阀芯打开进气阀口 9，即有气流流到出口，同时经孔道反馈到上气室 4，与调压弹簧相平衡。

若输入压力瞬时升高，输出压力也相应升高，通过孔口的气流使下气室 6 的压力也升高，破坏了膜片原有的平衡，使阀杆 7 上升，节流阀口减小，节流作用增强，输出压力下降，使膜片两端作用力重新平衡，输出压力恢复到原来的调定值。

当输出压力瞬时下降时，经喷嘴挡板的放大也会引起中气室 5 的压力较明显升高，而使阀芯下移，阀口开大，输出压力升高，并稳定到原数值上。

减压阀选择时应根据气源压力确定阀的额定输入压力，气源的最低压力应高于减压阀最高输出压力 0.1MPa 以上。减压阀一般安装在空气过滤器之后、油雾器之前。

② 溢流阀　溢流阀的作用是当系统压力超过调定值时，便自动排气，使系统的压力下降，以保证系统安全，故也称其为安全阀。按控制方式分，溢流阀有直动型和先导型两种。

a. 直动型溢流阀。如图 4-14 所示，将阀 P 口与系统相连接，O 口通大气，当系统中空气压力升高，一旦大于溢流阀调定压力时，气体推开阀芯，经阀口从 O 口排至大气，使系统压力稳定在调定值，保证系统安全。当系统压力低于调定值时，在弹簧的作用下阀口关闭。开启压力的大小与调整弹簧的预压缩量有关。

b. 先导型溢流阀。如图 4-15 所示，溢流阀的先导阀为减压阀，由它减压后的空气从上部 K 口进入阀内，以代替直动型的弹簧控制溢流阀。先导型溢流阀适用于管道通径较大及远距离控制的场合。溢流阀选用时其最高工作压力应略高于所需控制压力。

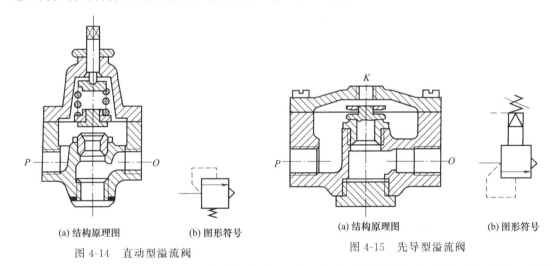

图 4-14　直动型溢流阀　　　　　图 4-15　先导型溢流阀

③ 顺序阀　顺序阀的作用是依靠气路中压力的大小来控制执行机构按顺序动作。顺序阀常与单向阀并联结合成一体，称为单向顺序阀。

如图 4-16 所示为单向顺序阀的工作原理图，当压缩空气由 P 口进入腔 4 后，作用在活塞 3 上的力小于调压弹簧 2 上的力时，阀处于关闭状态。而当作用于活塞上的力大于弹簧力时，活塞被顶起，压缩空气经腔 4 流入腔 5 由 A 口流出，然后进入其它控制元件或执行元件，此时单向阀关闭。当切换气源时［图（b）所示］，腔 4 压力迅速下降，顺序阀关闭，此时腔 5 压力高于腔 4 压力，在气体压力差作用下，打开单向阀，压缩空气由腔 5 经单向阀 6 流入腔 4 向外排出。图 4-17 为单向顺序阀的结构图。

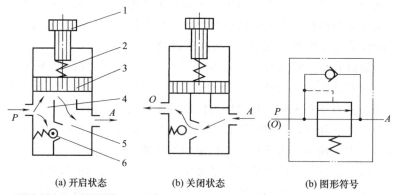

(a) 开启状态　　　(b) 关闭状态　　　(b) 图形符号

1—调压手柄；2—调压弹簧；3—活塞；
4—阀左腔；5—阀右腔；6—单向阀

图 4-16　单向顺序阀工作原理图

2) 流量控制阀　流量控制阀主要有节流阀、单向节流阀和排气节流阀等。

① 节流阀　节流阀的作用是通过改变阀的通流面积来调节流量。

如图 4-18 为节流阀结构图。气体由输入口 P 进入阀内，经阀座与阀芯间的节流通道从输出口 A 流出，通过调节螺杆使阀芯上下移动，改变节流口通流面积，实现流量的调节。

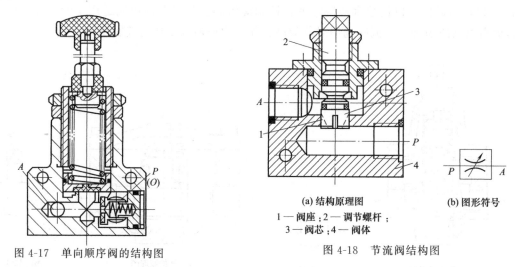

(a) 结构原理图　　　(b) 图形符号

1—阀座；2—调节螺杆；
3—阀芯；4—阀体

图 4-17　单向顺序阀的结构图　　　图 4-18　节流阀结构图

② 单向节流阀　单向节流阀是由单向阀和节流阀并联组合而成的组合式控制阀。图 4-19 为单向节流阀工作原理图，当气流由 P 至 A 正向流动时，单向阀在弹簧和气压作用下关闭，气流经节流阀节流后流出，而当由 A 至 P 反向流动时，单向阀打开，不节流。图 4-20 所示为单向节流阀。

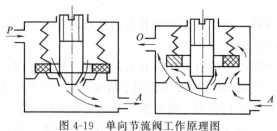

图 4-19　单向节流阀工作原理图

③ 排气节流阀　排气节流阀往往带有消声器，安装在元件的排气口处，是用来控制执行元件排入大气中气体的流量并降低排气噪声的一种控制阀。如图 4-21 所示为带消声器的节流阀的结构图。

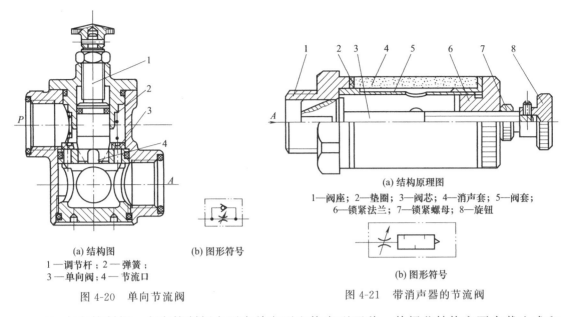

图 4-20 单向节流阀
(a) 结构图　(b) 图形符号
1—调节杆；2—弹簧；3—单向阀；4—节流口

图 4-21 带消声器的节流阀
(a) 结构原理图
1—阀座；2—垫圈；3—阀芯；4—消声套；5—阀套；
6—锁紧法兰；7—锁紧螺母；8—旋钮
(b) 图形符号

3) 方向控制阀　方向控制阀主要有单向型和换向型两种，其阀芯结构主要有截止式和滑阀式。

① 单向型控制阀　单向型控制阀中包括单向阀、或门型梭阀、与门型梭阀和快速排气阀。其中单向阀与液压单向阀类似，这里不再重复。

a. 或门型梭阀。或门型梭阀相当于两个单向阀的组合。图 4-22 为或门型梭阀结构图，它有两个输入口 P_1、P_2，一个输出口 A，阀芯在两个方向上起单向阀的作用。当 P_1 口进气时，阀芯将 P_2 口切断，P_1 口与 A 口相通，A 口有输出。当 P_2 口进气时，阀芯将 P_1 口切断，P_2 口与 A 口相通，A 口也有输出。如 P_1 口和 P_2 口都有进气时，活塞移向低压侧，使高压侧进气口与 A 口相通。如两侧压力相等，则先加入压力一侧与 A 口相通，后加入一侧关闭。

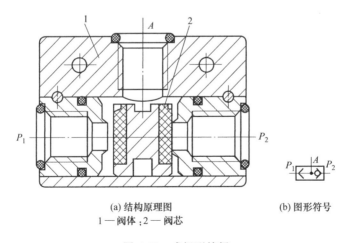

(a) 结构原理图
1—阀体；2—阀芯
(b) 图形符号

图 4-22 或门型梭阀

b. 与门型梭阀（双压阀）。与门型梭阀又称双压阀，它也相当于两个单向阀的组合。图 4-23 为与门型梭阀结构图。它有 P_1 和 P_2 两个输入口和一个输出口 A，只有当 P_1、P_2 同时有输入时，A 口才有输出，否则，A 口无输出，而当 P_1 和 P_2 口压力不等时，则关闭高压侧，低压侧与 A 口相通。

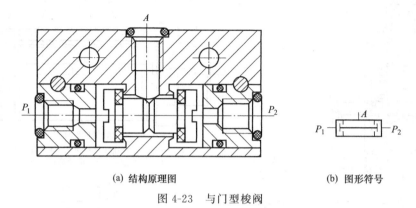

(a) 结构原理图　　(b) 图形符号

图 4-23　与门型梭阀

c. 快速排气阀。快速排气阀的作用是使气动元件或装置快速排气。图 4-24 为膜片式快速排气阀结构图。当 P 口进气时，膜片被压下封住排气口，气流经膜片四周小孔、A 口流出。当气流反向流动时，A 口气压将膜片顶起封住 P 口，A 口气体经 O 口迅速排掉。

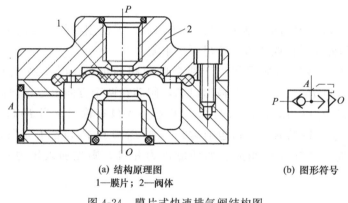

(a) 结构原理图　　(b) 图形符号
1—膜片；2—阀体

图 4-24　膜片式快速排气阀结构图

② 换向型控制阀　换向型控制阀是通过改变压缩空气的流动方向，从而改变执行元件的运动方向。根据其控制方式分为电磁控制阀、机械控制阀、手动控制阀、时间控制阀等。

换向型控制阀的结构和工作原理与液压阀中的方向控制阀基本相似，切换位置和接口数也分几位几通，图形符号也基本相同，在此不再赘述。

(5) 辅助元件

1) 油雾器　油雾器是气压系统中一种特殊的注油装置，其作用是把润滑油雾化后，经压缩空气携带进入系统中各润滑部位，满足润滑的需要。

图 4-25 是油雾器的结构图。当压缩空气从输入口进入后，绝大部分从主气道流出，一小部分通过小孔 A 进入阀座 8 腔中，此时特殊单向阀在压缩空气和弹簧作用下处在中间位置。如图 4-26 所示，所以气体又进入储油杯 4 上腔 C，使油液受压后经吸油管 7 将单向阀 6 顶起。因钢球上方有一个边长小于钢球直径的方孔，所以钢球不能封死上管道，而使油源源不断地进入视油窗 5 内，再滴入喷嘴 1 腔内，被主气道中的气流从小孔 B 中引射出来。进入气流中的油滴被高速气流击碎雾化后经输出口输出。视油窗上的节流阀 9 可调节滴油量，使滴油量可在每分钟 0～200 滴的范围内变化。当旋松油塞 10 后，储油杯上腔 C 与大气相

通，此时特殊单向阀 2 背压降低，输入气体使特殊单向阀 2 关闭，从而切断了气体与上腔 C 的通道，气体不能进入上腔 C，单向阀 6 也由于 C 腔压力降低处于关闭状态，气体也不会从吸油管进入 C 腔。因此可以在不停气源的情况下从油塞口给油雾器加油。

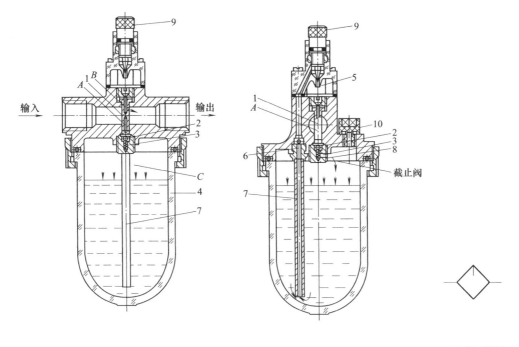

(a) 结构原理图　　　　　　　　　　　　　　　(b) 图形符号

1—喷嘴；2—特殊单向阀；3—弹簧；4—储油杯；5—视油窗；
6—单向阀；7—吸油管；8—阀座；9—节流阀；10—油塞

图 4-25　油雾器结构图

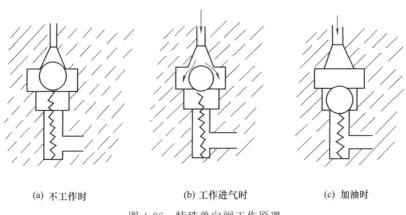

(a) 不工作时　　　　(b) 工作进气时　　　　(c) 加油时

图 4-26　特殊单向阀工作原理

2）消声器　消声器的作用是排除压缩气体高速通过气动元件排入大气时产生的刺耳噪声污染。图 4-27 所示为膨胀干涉吸收型消声器。气流经对称斜孔分成多束进入扩散室 A 后膨胀，减速后与反射套碰撞，然后反射到 B 室，在消声器中心处，气流束互相撞击、干涉。当两个声波相位相反时，使声波的振幅互相减弱达到消耗声能的目的。最后声波通过消声器内壁的消声材料，残余声能由于与消声材料的细孔相摩擦而变成热能，而达到降低声强的效果。

3) 转换器　在气动控制系统中，也与其它自动控制装置一样，有发信号、控制和执行部分，其控制部分工作介质为气体，而信号传感部分和执行部分不一定全用气体，可能用电或液体传输，这就要通过转换器来转换。常用的转换器有气电转换器、电气转换器、气液转换器等。

① 气电转换器及电气转换器　气电转换器是将压缩空气的气信号转变成电信号的装置，即用气信号（气体压力）接通或断开电路的装置，也称之为压力继电器。

压力继电器按信号压力的大小可分为低压型（0～0.1MPa）、中压型（0.1～0.6MPa）和高压型（>1.0MPa）三种。图 4-28 为高中压型压力继电器，气压 p 进入 A 室后，膜片 6 受压产生推力 $F=\pi D^2 p/4$，该力推动圆盘 5 和顶杆 7 克服弹簧 2 的弹簧力向上移动，同时带动爪枢 4，使两个微动开关 3 发出电信号。旋转定压螺母 1，可以调节控制压力范围。这种压力继电器结构简单，调压方便。

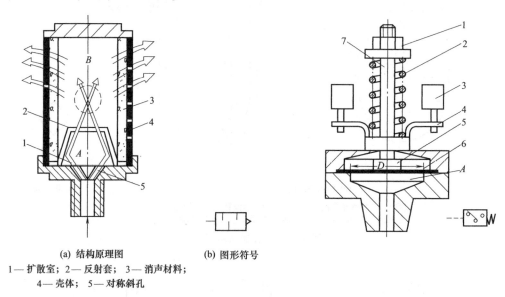

(a) 结构原理图　　(b) 图形符号
1—扩散室；2—反射套；3—消声材料；
4—壳体；5—对称斜孔

图 4-27　膨胀干涉吸收型消声器

图 4-28　高中压型压力继电器
1—定压螺母；2—弹簧；3—微动开关；4—爪枢；
5—圆盘；6—膜片；7—顶杆

在安装气电转换器时应避免安装在振动较大的地方，且不应倾斜和倒置，以免使控制失灵，产生误动作，造成事故。

电气转换器的作用正好与气电转换器的作用相反，它是将电信号转换成气信号的装置。实际上各种电磁换向阀都可作为电气转换器。

② 气液转换器　汽车气压系统中常常用到气液阻尼缸或使用液压缸作执行元件，以求获得较平稳的速度，如汽车液压悬架系统中的油气弹簧。因而就需要一种把气信号转换成液压信号的装置，这就是气液转换器。其种类主要有两种：一种是直接作用式，即在一筒式容器内，压缩空气直接作用在液面上，或通过活塞、隔膜等作用在液面上，推压液体以同样的压力向外输出；如图 4-29 所示为气液直接接触式转换器，当压缩空气由上部输入管输入后，经过管道末端的缓冲装置使压缩空气作用在液压油面上，因而液压油即以压缩空气相同的压力，由转换器主体下部的排油孔输出到液压缸，使其动作，气液转换器的储油量应不小于液压缸最大有效容积的1.5倍。另一种气液转换器是换向阀式，它是一个气控液压换向阀，采

用气控液压换向阀，需要另外备有液压源。

2. 气动基本回路

（1）方向控制回路

① 单作用汽缸换向回路　图 4-30 所示为常断型二位三通电磁阀和三位五通电磁阀控制回路（单作用汽缸换向回路）。在图（a）回路中，当电磁铁得电时，气压使活塞伸出工作；而电磁铁失电时，活塞杆在弹簧作用下缩回；在图（b）回路中，电磁铁失电后能自动复位，故能使汽缸停留在行程中任意位置。

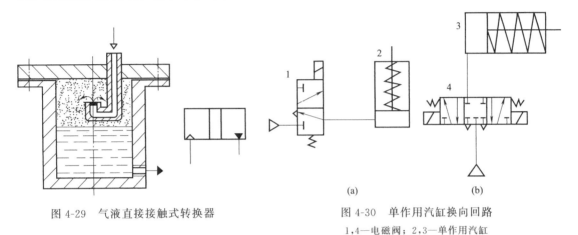

图 4-29　气液直接接触式转换器

图 4-30　单作用汽缸换向回路
1,4—电磁阀；2,3—单作用汽缸

② 双作用汽缸换向回路　图 4-31 所示为双气控二位五通阀和双气控中位封闭式三位五通阀的控制回路（双作用汽缸换向回路）。在图（a）回路中，通过对换向阀左右两侧分别输入控制信号，使汽缸活塞杆伸出和缩回。此回路不许左右两侧同时加等压控制信号。在图（b）回路中，除控制双作用汽缸换向外，还可在行程中的任意位置停止运动。

（2）压力控制回路

① 调压回路　图 4-32 为常用的一种调压回路，是利用减压阀来实现对气动系统气源的压力控制。图 4-32（b）为可提供两种压力的调压回路。汽缸有杆腔压力由减压阀 1 调定，无杆腔压力由减压阀 2 调定。采用此回路符合实际工作过程中活塞杆伸出和退回时负载不同的实际情况。

② 增压回路　如图 4-33（a）所示为汽车制动系统中普遍使用的真空助力装置工作示意图，真空助力装置是气液联动增压回路，可以减轻驾驶员

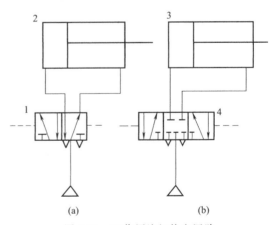

图 4-31　双作用汽缸换向回路
1,4—气动换向阀；2,3—双作用汽缸

施于制动踏板上的力，增加车轮制动力，达到操纵轻便、制动可靠的目的。它是利用发动机工作时在进气管中形成的真空度（或利用真空泵）为力源的动力制动装置。它可分为增压式和助力式两种。增压式是通过增压器将制动主缸的油压进一步增加，增压器装在主缸之后；助力式是通过助力器来帮助制动踏板对制动主缸产生推力，助力器装在踏

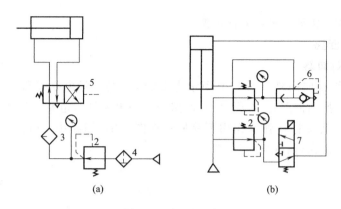

图 4-32 调压回路

1,2—减压阀；3—油雾器；4—过滤器；5—气动换向阀；6—快速排气阀；7—电磁阀

板与主缸之间。

如图 4-33（c）所示为真空助力装置气压回路，压缩空气经空气阀 12 进入增压缸 10，推动活塞杆把串联在一起的小活塞端的液压油压入制动轮缸 11 中，得到高压油进行制动。其增压比为：$n = D^2 / D_1^2$。

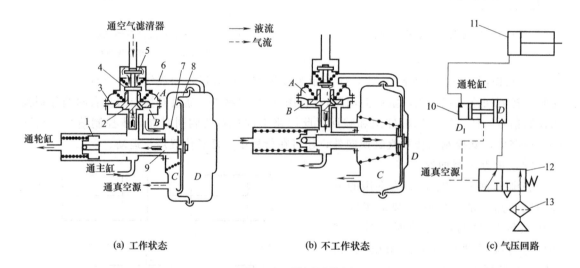

(a) 工作状态　　　　　(b) 不工作状态　　　　(c) 气压回路

图 4-33 增压回路

1,10—增压缸；2—膜片座；3,8—膜片；4—真空阀；5,12—空气阀；6—通气管；
7—复位弹簧；9—增压缸推杆；11—制动轮缸；13—空气滤清器

(3) 速度控制回路

① 节流调速回路　图 4-34 所示为采用单向节流阀实现排气节流的速度控制回路。调节节流阀的开度实现汽缸背压的控制，完成汽缸双向运动速度的调节。

② 缓冲回路　图 4-35 所示为缓冲回路，当活塞向右运动时，缸右腔气体经机控换向阀和三位五通换向阀排出，当活塞运动到末端时，活塞杆挡块压下机控换向阀，右腔气体经节流阀和三位五通阀排出，实现缓冲活塞运动速度，调整机控换向阀的安装位置，可改变缓冲的开始时刻。

(4) 气液联动回路

气液联动是以气压为动力，利用气液转换器把气压传动变为液压传动，或采用气液阻尼

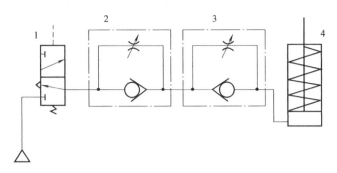

图 4-34 节流调速回路
1—气动换向阀；2,3—单向节流阀；4—单作用汽缸

缸来获得更为平稳和更为有效地控制运动速度的气压传动，或使用气液增压器来使传动力增大等。气液联动回路装置简单，经济可靠。常用在汽车主动悬架系统中，利用气液联动回路的阻尼作用对车辆行驶中受到的振动进行减振处理，提高车辆乘坐舒适性和安全通过性。

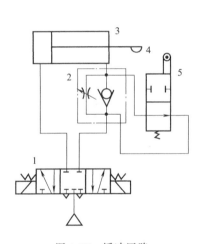

图 4-35 缓冲回路
1—换向阀；2—单向节流阀；3—汽缸；
4—挡块；5—行程控制阀

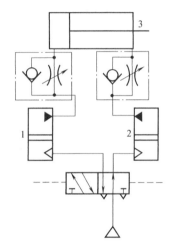

图 4-36 气液转换速度控制回路
1,2—气液转换器；3—液压缸

① 气液转换速度控制回路　如图 4-36 所示为气液转换速度控制回路，它利用气液转换器 1、2 将气压变成液压，利用液压油驱动液压缸 3，从而得到平稳易控制的活塞运动速度，调节节流阀的开度，就可改变活塞的运动速度。这种回路，充分发挥了气动供气方便和液压速度容易控制的特点。

② 气液阻尼缸的速度控制回路　如图 4-37 所示的气液阻尼缸速度控制回路，图 4-37（a）所示为慢进快退回路，改变单向节流阀的开度，即可控制活塞的前进速度；活塞返回时，气液阻尼缸中液压缸的无杆腔的油液通过单向阀快速流入有杆腔，故返回速度较快，高位油箱起补充泄漏油液的作用。图 4-37（b）所示回路能实现机床工作循环中常用的快进—工进—快退的动作。当有 K_2 信号时，五通阀换向，活塞向左运动，液压缸无杆腔中的油液通过 a 口进入有杆腔，汽缸快速向左前进；当活塞将 a 口关闭时，液压缸无杆腔中的油液被

迫从 b 口经节流阀进入有杆腔,活塞工作进给;当 K_2 消失,有 K_1 输入信号时,五通阀换向,活塞向右快速返回。

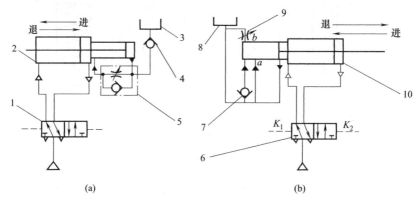

图 4-37 气液阻尼缸速度控制回路

1,6—五通阀;2,10—气液阻尼缸;3,8—补油箱;

4,7,9—单向阀;5—单向节流阀

【任务实施】

根据任务分析确定了 CA1091 汽车的双回路气压制动系统如图 4-38 所示,具体工作过程如下。

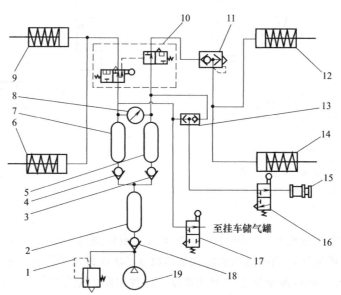

图 4-38 CA1091 汽车的双回路气压制动系统示意图

1—安全阀;2—湿储气罐;3,4,18—储气罐单向阀;5—后制动储气罐;6,9—前制动轮缸;

7—前制动储气罐;8—双针气压表;10—制动阀;11—快放阀;12,14—后制动轮缸;

13—或门型梭阀;15—挂车分离开关;16—挂车制动阀;

17—挂车储气罐充气开关;19—空气压缩机

(1) 前轮制动

空气压缩机 19→储气罐单向阀 18→湿储气罐 2→储气罐单向阀 4→前制动储气罐 7→制

动阀 10 中的手动阀右位→前制动轮缸 6 和 9。

(2) 后轮制动

空气压缩机 19→储气罐单向阀 18→湿储气罐 2→储气罐单向阀 3→后制动储气罐 5→制动阀 10 中的气动阀左位→快放阀 11→后制动轮缸 12 和 14。

(3) 挂车制动

空气压缩机 19→储气罐单向阀 18→湿储气罐 2→储气罐单向阀 3 和 4→前制动储气罐 7 和后制动储气罐 5→或门型梭阀 13→挂车制动阀 16→挂车制动轮缸。

(4) 挂车充气

空气压缩机 19→储气罐单向阀 18→湿储气罐 2→储气罐单向阀 4→前制动储气罐 7→挂车储气罐充气开关 17。

【知识拓展】

1. 公交车车门气动系统

如图 4-39 所示为公交车车门安全操纵系统原理图。

该系统能控制公交车车门开、关，且当车门在关闭过程中遇到障碍时，能使车门再自动开启，起到安全保护作用。

汽缸 12 中活塞的往复直线运动实现门的开、关，汽缸用气控换向阀 9 来控制，而气控换向阀又由 1、2、3、4 四个按钮换向阀操纵，汽缸运动速度的快慢由单向节流阀 10 或 11 来调节。通过操纵阀 1 或 3 使车门开启，操纵阀 2 或 4，使车门关闭，起安全保护作用的机动换向阀 5 安装在车门上。

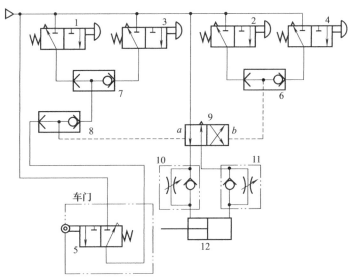

图 4-39 公交车车门安全操纵系统原理图

1,2,3,4—按钮换向阀；5—机动换向阀；6,7,8—梭阀；
9—气控换向阀；10,11—单向节流阀；12—汽缸

需开门时，操纵按钮换向阀 1 或 3，压缩空气便经阀 1 或 3 到梭阀 7 和 8，把气压控制信号送到气控换向阀 9 的 a 侧。压缩空气便经阀 9 左位和单向节流阀 10 中的单向阀到汽缸有杆腔，推动活塞而使车门开启。

需关门时,操纵按钮换向阀2或4,压缩空气则经阀2或4到梭阀6,把气压控制信号送到气控换向阀9的b侧,压缩空气则经阀9右位和单向节流阀11中的单向阀到汽缸的无杆腔,使车门关闭。

在关门过程中若碰到障碍物,便推动机动换向阀5,使压缩空气经阀5把控制信号经梭阀8送到气控换向阀9的a端,使车门重新开启。但是,若阀2或阀4仍然保持按下状态,则阀5起不到自动开启车门的安全作用。

2. 汽车气压制动防抱死系统

气压制动ABS主要用于中、重型载货汽车上,所装用的ABS主要分为两类:一类是用于四轮后驱动气压制动的汽车上,另一类是用于汽车挂车上的ABS。

(1) 四轮后驱动气压制动汽车ABS

四轮后驱动气压制动系统汽车装用的ABS一般采用四传感器、四通道、四轮独立控制,如图4-40所示,每个车轮配有一个轮速传感器和一个制动压力调节器(PCV阀),前轮PCV阀串联在快放阀与前轮制动气室之间,后轮PCV串联在继动阀与后轮制动气室之间,PCV阀根据ABS电脑的指令使压缩空气充入制动气室、排出制动气室或封闭制动气室,从而实现制动压力的"增压"、"减压"和"保持"过程。

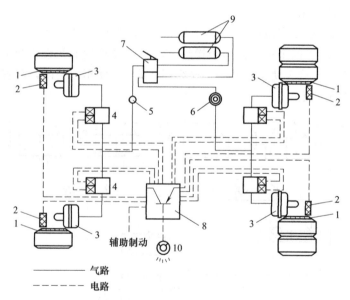

图4-40 四轮后驱动气压制动汽车ABS

1—齿圈;2—轮速传感器;3—制动气室;4—制动压力调节器(PCV阀);
5—快放阀;6—继动阀;7—制动总阀;8—ABS ECU(电脑);
9—储气筒;10—警报灯

(2) 汽车挂车气压制动系统ABS

采用四轮后驱动牵引车的单轴半挂车气压制动系统ABS如图4-41所示。牵引车和单轴半挂车上分别安装着两套独立的ABS控制系统,牵引车采用四传感器、四通道、四轮独立控制方式。单轴半挂车采用两传感器、两通道、两轮独立控制方式,对制动压力的控制原理与四轮后驱动气压制动汽车ABS基本相同。牵引车与挂车的ABS之间用专用ABS连接器连接,通过连接器,牵引车ABS向挂车ABS供电,同时通过连接器将挂车ABS工作的有关故障信息传递到牵引车,并由驾驶室中仪表盘上的指示灯和警报灯显示。

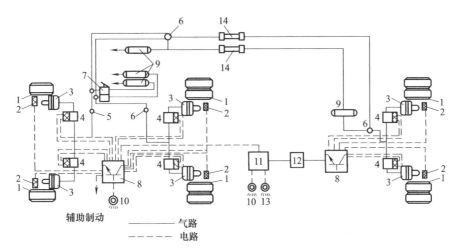

图 4-41　汽车挂车气压制动系统 ABS

1—齿圈；2—轮速传感器；3—制动气室；4—制动压力调节器（PCV 阀）；5—快放阀；6—继动阀；7—制动总阀；8—ABS ECU（电脑）；9—储气筒；10—警报灯；11—信号控制；12—5 端子连接器；13—信号灯；14—空气软管

学习小结

本情境结合汽车气压制动系统介绍了汽车气压传动的元部件及气压传动的基本回路。并讲述了汽车气压制动防抱死制动系统和公交车车门气动系统的组成及工作过程。

自我评估

1. 填空题

（1）在气压传动中，常用的执行元件有_____和_____。

（2）气压传动的基本回路主要有_____、_____、_____和_____。

（3）在汽车主动悬架系统中，一般利用_____回路的阻尼作用对振动进行减振处理，提高车辆舒适性和安全通过性。

（4）大型客车及卡车采用气压制动系统，主要考虑气压传动系统比液压传动系统具有较大的_____性和_____。

2. 问答题

结合图 4-40 画出汽车气压制动防抱死系统的气压传动系统图。

评价标准

本学习情境的评价内容包括专业能力评价、方法能力评价及社会能力评价3个部分。其中自我评分占30%、组内相互评分占35%、教师评分占35%，总计为100%，见下表。

学习情境4　综合评价表

种类	项目	内　　容	配分	考核要求	扣分标准	自我评分 30%	组内评分 35%	教师评分 35%
专业能力评价	任务实施计划	1. 实训的态度及积极性 2. 实训方案制订及合理性 3. 安全操作规程遵守情况 4. 考勤、遵守纪律情况 5. 完成技能训练报告	30	实训目的明确，积极参加实训，遵守安全操作规程和劳动纪律，有良好的职业道德和敬业精神；技能训练报告符合要求	实训计划占5分；安全操作规程占5分；考勤及劳动纪律占5分；技能训练报告完整性占15分			
	任务实施情况	1. 气压传动基本回路分析 2. 搭建联动气液阻尼缸的速度控制回路 3. 搭建汽车气压制动系统 4. 任务的实施规范化，安全操作	30	能搭建气动基本回路；能搭建气液联动阻尼回路，并能分析其工作过程；能搭建汽车气压制动系统并能分析其工作过程；任务实施符合安全操作规程而且功能实现完整	气动基本回路的建立并分析工作过程占10分；汽车气压制动系统建立并分析工作过程占10分；任务实施完整性占10分			
	任务完成情况	1. 相关工具的使用 2. 相关知识点的掌握 3. 任务的实施完整情况	20	能正确使用相关工具；掌握相关的知识点；具有排除异常情况的能力并提交任务实施报告	工具的整理及使用占10分；知识点的应用及任务实施完整性占10分			
方法能力评价		1. 计划能力 2. 决策能力	10	能够查阅相关资料制订实施计划；能够独立完成任务	查阅相关资料能力占5分；选用方法合理性占5分			
社会能力评价		1. 团结协作 2. 敬业精神 3. 责任感	10	具有组内团结合作、协调能力；具有敬业精神及责任感	团结合作、协调能力占5分；敬业精神及责任心占5分			
合计			100					

学习情境 5
汽车液力变矩器结构分析

学习目标

能力目标
- 能识别汽车液力变矩器的结构组成。
- 会分析汽车液力偶合器和液力变矩器的工作过程。

知识要求
- 了解汽车液力偶合器和液力变矩器的功能。
- 掌握汽车液力变矩器的结构组成和类型。

技能要求
- 熟悉汽车液力变矩器的各组成元件。
- 识别不同类型的汽车液力变矩器。

【任务描述】

自动变速器能在不切断发动机动力的情况下,根据车辆的行驶状况自动地切换挡位,其关键部件液力变矩器起到了重要作用,液力变矩器安装在发动机飞轮上,是自动变速器的输入端,能根据汽车行驶阻力的变化,在一定范围内自动地、无级地改变扭矩,并将扭矩输入到齿轮变速机构中,再通过电液控制系统达到不同的挡位,实现动力输出,如图5-1所示。

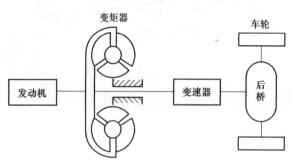

图5-1 汽车液力传动应用示意图

【任务分析】

液力变矩器是自动变速器不可缺少的核心组成部分,位于自动变速器的最前端,它将发动机的转矩增大后传给齿轮机构,同时驱动油泵工作,如图5-2所示。

汽车液力变矩器采用的是液力传动,它靠液体介质在主动元件和从动元件之间循环流动过程中动能的变化来传递动力。分液力偶合器和液力变矩器两种。液力偶合器能传递转矩,但不能改变转矩大小。液力变矩器除了具有液力偶合器的全部功能以外,还能实现无级变速。一般液力变矩器还不能满足各种汽车行驶工况的要求,往往需要串联一个有级式机械变速器,以扩大变矩范围,这样的传动称为液力机械传动。

【知识准备】

1. 汽车液力传动工作原理

液力传动与液压传动一样都是以液体作为工作介质进行传动的,但传动方式不同。液压传动是以密闭系统内的受压液体来传递能量;而液力传动是通过液体循环流动过程中的动能来传递能量。

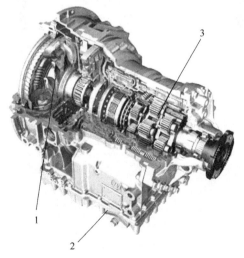

图5-2 汽车自动变速器
1—液力变矩器;2—电液控制系统;
3—行星齿轮变速机构

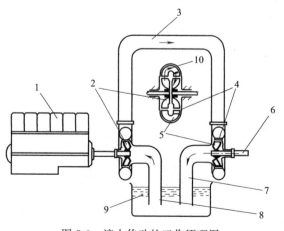

图5-3 液力传动的工作原理图
1—发动机;2—离心泵叶轮;3—连接管路;4—导向装置;
5—涡轮机叶轮;6—输出轴;7—出水管;
8—进水管;9—储水池;10—液力变矩器模型

液力传动可看成是一台离心式水泵和一台涡轮机的组合体，但只采用了它们的核心，即泵轮、涡轮，有时还有导轮。将它们紧密地组合成一个整体，使工作液体在这些叶轮中循环流动来达到传动的目的。如图 5-3 所示，工作液体由离心泵泵出，进入涡轮机中，驱动涡轮机旋转，并由输出轴 6 输出机械能驱动工作机构运动。很明显，离心泵是将发动机的机械能转换成液体的动能的主要装置，涡轮机是将液体动能重新转换成机械能的装置。因此，通过离心泵与涡轮机的组合，实现了能量的传递。

因为离心泵与涡轮机的效率低，再加上管路的损失，系统总效率一般低于 0.7，故不宜直接应用。为了提高效率，设法将离心泵工作轮（泵轮）和涡轮机工作轮（涡轮）尽量靠近，取消中间的连接管路和导向装置，从而形成了液力传动的基本形式之一——液力偶合器（见图 5-4），这样不但结构简化，而且效率有了很大提高。

液力传动的基本结构包括：

① 能量输入部件（一般称泵轮），它接收发动机传来的机械能，并将其转换为液体的动能；

② 能量输出部件（一般称涡轮），它将液体的动能转换为机械能而输出。

如果液力传动装置只有上述两部件，则称这一传动装置为液力偶合器，如图 5-4 所示。

如果除上述两部分之外，还有一个固定的导流部件（它可装在泵轮的出口处或入口处），则称这个液力传动装置为液力变矩器。如图 5-5 所示。

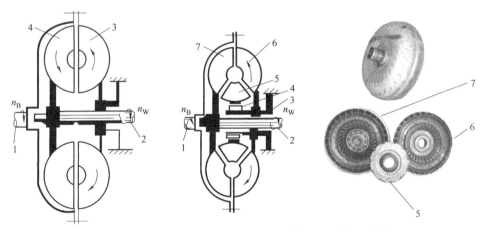

图 5-4　液力偶合器
1—主动轴；2—输出轴；
3—泵轮；4—涡轮

图 5-5　液力变矩器
1—输入轴；2—输出轴；3—导轮轴；4—单向离合器；
5—导轮；6—泵轮；7—涡轮

应该指出的是，液力偶合器只起传递扭矩作用，而不能改变扭矩大小。而液力变矩器能根据需要无级地改变传动比与扭矩比，即具有变矩的作用。

2. 液力变矩器的组成

普通液力变矩器由可转动的泵轮和涡轮，以及固定不动的导轮这三个基本元件组成。其组成如图 5-6 所示。汽车所用液力变矩器的工作轮一般都是钢板冲压焊接而成，而工程机械和一些军用车辆所用液力变矩器的工作轮则是用铝合金精密铸造成的。与液力偶合器不同的是，在液力变矩器的泵轮和涡轮之间，安装有导轮，并与泵轮和涡轮保持一定的轴向间隙，导轮通过导轮固定套固定在变速器壳体上。所有工作轮在装配后，形成的环状体的断面称为变矩器循环圆［见图 5-6（b）］。

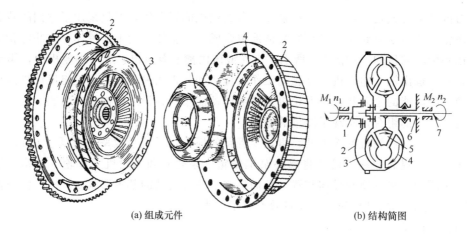

(a) 组成元件　　　　　　　　　　　　(b) 结构简图

图 5-6　液力变矩器结构示意图

1—发动机曲轴；2—变矩器壳；3—涡轮；4—泵轮；5—导轮；6—导轮固定套管；7—从动轴

3. 液力变矩器的工作原理

液力变矩器在正常工作时，储于环形腔内的油液，除有绕变矩器轴线的圆周运动外，还有如图 5-6（b）中箭头所示的循环流动，故可将转矩从泵轮传至涡轮。液力变矩器不仅能传递转矩，而且能在泵轮转矩不变的情况下，随着涡轮转速的不同自动地改变涡轮所输出的转矩值，即"变矩"。液力变矩器之所以能起变矩作用，就是因为在结构上有一个导轮机构。在液体循环流动的过程中，固定不动的导轮给涡轮一反作用力矩，使涡轮输出的转矩不同于泵轮输入的转矩。

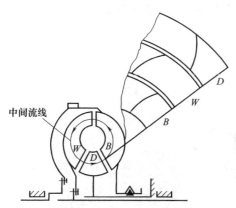

图 5-7　液力变矩器工作轮展开示意图

B—泵轮；W—涡轮；D—导轮

现以变矩器工作轮的展开图来说明液力变矩器的工作原理。如图 5-7 所示的工作轮循环圆中间流线将三个工作轮叶片假想地展开，得到泵轮、涡轮和导轮的环形平面图，如图 5-8 所示。各叶轮叶片的形状和进出口角度也被显示于图中。

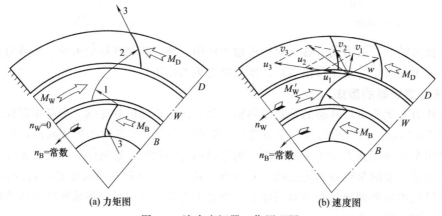

(a) 力矩图　　　　　　　　　　　　(b) 速度图

图 5-8　液力变矩器工作原理图

为便于说明起见,设发动机转速及负荷不变,即变矩器泵轮的转速 n_B 及转矩 M_B 为常数。先以汽车起步工况为例进行讨论。

当发动机运转而汽车还未起步时,涡轮转速 n_W 为零,如图 5-8(a)所示。变速器油在泵轮叶片带动下,以一定的绝对速度沿图中箭头 1 的方向冲向涡轮叶片,对涡轮有一作用力,产生绕涡轮轴的转矩,此即液力变矩器的输出转矩。因此时涡轮静止不动,液流则沿着叶片流出涡轮并冲向导轮,其方向如图中箭头 2 所示,该液流也对导轮产生作用力矩。然后液流再从固定不动的导轮叶片沿箭头 3 的方向流回到泵轮中。当液流流过叶片时,对叶片作用有冲击力矩,根据作用力与反作用力定律,液流此时也会受到叶片的反作用力矩,其大小与作用力矩相等,方向相反。作用力矩或反作用力矩的方向及大小与液流进出工作轮的方向有关。设泵轮、涡轮和导轮对液流的作用力矩分别为 M_B、M_W 和 M_D,方向如图中箭头所示。根据液流受力平衡条件,三者在数值上满足关系式 $M_W = M_B + M_D$,即涡轮转矩等于泵轮转矩与导轮转矩之和。显然,此时涡轮转矩 M_W 大于泵轮转矩 M_B,即液力变矩器起到了增大转矩的作用。也可以这样来理解其增矩作用,当液流冲击进入涡轮时,对涡轮有一作用力矩,此为泵轮给液流的力矩;当液流从涡轮流出冲击导轮时,对导轮也有一作用力矩,因导轮被固定在变速器壳体上,从而导轮给液流的反作用力矩通过液流再次作用在涡轮上,使得涡轮的转矩等于泵轮转矩与导轮转矩之和。

当液力变矩器输出的转矩,经传动系传到驱动轮上,所产生的牵引力足以克服汽车起步阻力时,汽车即起步并开始加速,与之相连的涡轮转速 n_W 也从零起逐渐增加。我们定义液流沿叶片方向流动的速度为相对速度 w,在叶轮的作用下所具有的沿圆周方向运动的速度为牵连速度 u,二者的矢量和为绝对速度 v。涡轮转速 n_W 不为零时,液流在涡轮出口处不仅具有相对速度 w,而且具有牵连速度 u_1,故冲向导轮叶片的液流的绝对速度 v_1 为两者的合成速度,如图 5-8(b)所示。因设泵轮转速不变,即液流循环流量基本不变,故涡轮出口处的相对速度 w 不变,变化的只是涡轮转速 n_W,即牵连速度 u 发生变化。由图可见,冲向导轮叶片的液流的绝对速度 v 将随牵连速度 u 的增加而逐渐向左倾斜,使导轮上所受转矩值逐渐减小。

当涡轮转速增大到一定值时,由涡轮流出的液流 v_2 正好沿导轮出口方向冲向导轮,由于液体流经导轮时方向不改变,故导轮转矩 M_D 为零,即涡轮转矩与泵轮转矩相等 $M_W = M_B$。

若涡轮转速 n_W 继续增大,液流绝对速度 v 方向继续向左倾,如图 5-8(b)中 v_3 所示方向,液流冲击导轮叶片反面,导轮转矩方向与泵轮转矩方向相反,则涡轮转矩为前二者转矩之差($M_W = M_B - M_D$),即变矩器输出转矩反而比输入转矩小。当涡轮转速 n_W 增大到与泵轮转速 n_B 相等时,工作液在循环圆内的循环流动停止,不能传递动力。

液力变矩器在泵轮转速 n_B 不变的条件下,涡轮转矩 M_W 随其转速 n_W 变化的规律,即为变矩器外特性,如图 5-9 所示。

由特性图中可看出,涡轮转矩是随涡轮转速的改变而连续变化的。当汽车起步、上坡或遇到较大阻力时,如果发动机的转速和负荷不变,则车速将

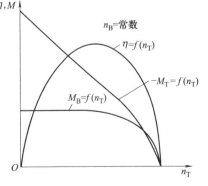

图 5-9 液力变矩器的外特性曲线

下降，即涡轮转速降低，于是涡轮转矩相应增大，因而使驱动轮获得较大的力矩，保证汽车能克服增大的阻力而继续行驶。所以液力变矩器本身就是一种能随汽车行驶阻力的不同而自动改变输出转矩的无级变速器。此外，液力变矩器同样也具备使汽车平稳起步，衰减传动系的扭转振动，防止传动系超载等作用。由图5-9也可看出，液力变矩器的效率曲线随涡轮转速变化呈两头小，中间大的形态，最高效率接近90%。

4. 液力变矩器的类型

（1）三元件综合式液力变矩器

这是一种典型的轿车用液力变矩器。三元件是指其工作轮的数目为三个，即泵轮、涡轮和导轮各一个，如图5-10所示。

这种变矩器壳体由前半部外壳与泵轮两部分焊接而成。壳体前端连接着装有启动齿圈的托盘，并用螺钉固定在发动机曲轴后端凸缘上。为了在维修拆装后保持变矩器与曲轴原有的相对位置，以免破坏动平衡，螺钉在圆周上的分布是不均匀的。泵轮及涡轮叶片和壳体均采用钢板冲压件焊接，导轮则用铝合金铸造，并安装在单向离合器外座圈上，通过单向离合器与变速器壳体连接。

单向离合器也称超越离合器，或者是自由

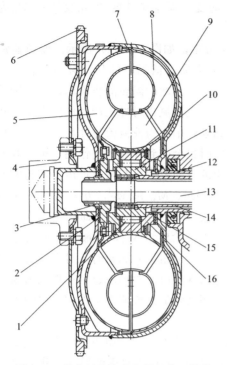

图5-10 轿车用液力变矩器的典型结构
1—滚柱；2—塑料垫片；3—涡轮轮毂；
4—曲轴凸缘；5—涡轮；6—启动齿圈；
7—变矩器壳；8—泵轮；9—导轮；10—单向离合器外座圈；11—单向离合器内座圈；
12—泵轮轮毂；13—变矩器输出轴
（齿轮变速器第一轴）；14—导轮固定套管；
15—推力垫片；16—单向离合器盖

轮机构。常见的单向离合器结构如图5-11所示。它由外座圈、内座圈、滚柱和不锈钢叠片弹簧组成。外座圈与导轮以铆钉或花键连接，内座圈与固定套管以花键相连，固定套管安装在变速器壳体上，因而内座圈是固定不动的。外座圈的内表面有若干个偏心的圆弧面，叠片弹簧将滚柱压向内外座圈之间滚道比较狭窄的一端，从而将内外两个座圈楔紧。

当涡轮转速较低、与泵轮转速差较大时，从涡轮流出的液流冲击导轮叶面，力图使导轮按顺时针方向（虚线箭头所指）旋转，此时滚柱被楔紧在滚道的窄端，导轮和单向离合器外座圈一起被卡紧在内座圈上固定不动，液流可获得导轮的反作用力矩，变矩器起增大输入转矩的作用。当涡轮转速升高到一定值时，液流对导轮的冲击力反向，即液流冲击导轮叶片背面，使导轮相对于内座圈按实线箭

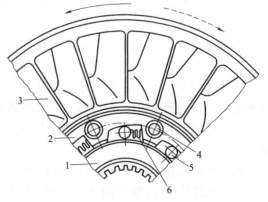

图5-11 液力变矩器的单向离合器
1—内座圈；2—外座圈；3—导轮；
4—铆钉；5—滚柱；6—叠片弹簧

头方向转动，滚柱被挤向滚道宽的一端，单向离合器内外座圈松开，导轮成为自由轮，与涡轮作同向旋转，对液流不再有反作用力。此时，液力变矩器相当于只有泵轮和涡轮工作，如同液力偶合器一样。这种可以转入液力偶合器工况工作的变矩器称为综合式液力变矩器。

使用综合式液力变矩器的目的，在于当涡轮处于低速和中速段时，可利用液力变矩器能增大输入转矩的特点；而在涡轮处于高转速段时，可利用液力偶合器高效率的特点，即结合了普通液力变矩器和偶合器的优点。

为了使液力变矩器的高效率区域更宽，可将导轮分割成两个，分别装在各自的单向离合器上，从而形成双导轮，即四元件综合式液力变矩器，如图 5-12 所示。两个导轮具有不同的叶片进口角度，在低转速比时，两个导轮均被单向离合器锁住，按变矩器工况工作。在中转速比时，涡轮出口液流开始冲击第一导轮叶片背面，第一单向离合器松开，第一导轮与涡轮同向旋转，仅第二导轮仍在起变矩作用。在高转速比时，涡轮出口液流冲击第二导轮叶片背面，其单向离合器松开，第二导轮也与涡轮作同向旋转，变矩器全部转入偶合器工况工作。20 世纪 60～80 年代我国生产的红旗 CA770 高级轿车的液力变矩器，采用的就是双导轮结构。这种四元件综合式液力变矩器虽然可增大变矩器的高效率工作范围，但结构更加复杂，因此，近年来已经很少使用。

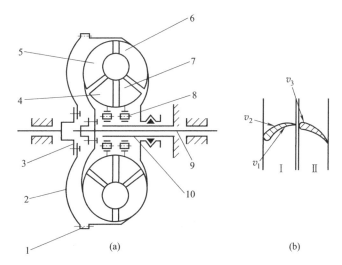

图 5-12 四元件综合式液力变矩器示意图

1—启动齿圈；2—变矩器壳；3—曲轴凸缘；4—第一导轮（Ⅰ）；5—涡轮；6—泵轮；
7—第二导轮（Ⅱ）；8—自由轮机构；9—输出轴；10—导轮固定套管

（2）闭锁式液力变矩器

汽车使用液力变矩器，具有很多优点，如提高了起步性能、加速性能和换挡性能，增加了动力传动系统的减振隔振性能，减小了动载荷，使工作寿命延长等。但是，由于液力变矩器存在着液力损失，与机械传动相比其效率较低，且效率曲线随工况变化，最高效率也只有 0.85～0.9，因而在正常行驶时油耗较高，经济性差。同时，因变矩器的效率低，损失的能量转变成热量，必须进行强制散热，从而增大了自动变速器的体积和重量。

考虑到汽车在平坦路面上行驶时，液力传动的优点不太明显，相反，如用机械传动，则可以提高效率，改善经济性。根据以上想法，出现了闭锁式液力变矩器。它可以实现液力变矩器传动和机械直接传动两种工况，把两者的优点结合于一体。

闭锁式液力变矩器内有一个由液压操纵的闭锁离合器，或称锁止离合器。如图 5-13 所示的结构中，闭锁离合器的主动盘就是变矩器壳体，从动盘是可在轴向移动的压盘，通常为了减小离合器结合和分离瞬间的冲击力（即动载），从动盘内圈上带有弹性减振盘，然后与涡轮输出轴相连。主动盘和从动盘相接触的工作面上有摩擦片。压盘右面的油液与泵轮、涡轮中的压力油相通；压盘左面的油液通过变矩器输出轴中间的控制油道与阀板总成上的锁止控制阀相通。

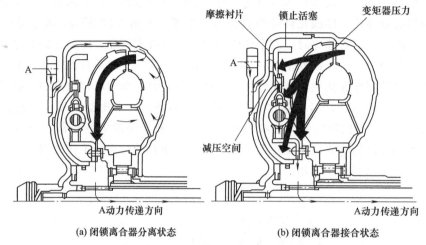

(a) 闭锁离合器分离状态　　　(b) 闭锁离合器接合状态

图 5-13　变矩器闭锁离合器工作原理图

当锁止控制阀接通变矩器压力油路时，压盘左右两侧保持相同的压力，闭锁离合器处于分离状态，如图 5-13（a）所示。动力须经液力变矩器传递，可充分发挥液力传动减振吸振、自动适应行驶阻力剧烈变化的优点，适合于汽车起步、换挡或在坏路面上行驶的工况使用。

当锁止控制阀接通变矩器回油路时，压盘左侧的油压降低，而压盘右侧的油液压力仍较高；在此压差的作用下，压盘通过摩擦片压紧在主动盘上，闭锁离合器接合，如图 5-13（b）所示。动力经闭锁离合器实现机械传动，变矩器输入（泵轮）轴与输出（涡轮）轴成为刚性连接，传动效率较高，提高了汽车的行驶速度和燃油经济性。当闭锁离合器接合时，导轮单向离合器即脱开，导轮自由旋转。泵轮和涡轮虽然是同速转动，但与导轮有一定的转速差，因此，在变矩器内仍有少量液流作循环流动，从而有一定的液力损失，即使成为直接机械传动，传动效率也略低于 100%。

锁止控制阀的操纵，可以根据车速、节气门参数按比例转换的液压信号进行控制。现在较多采用的是根据车速、节气门参数按比例转换的电压信号，由微电脑进行控制。

【任务实施】

正确地进行液力变矩器的拆装，不仅关系到维修的生产率，而且对维修质量、成本以及元件的可靠性与寿命都有很大影响。

① 拆装顺序与方法应符合使用说明书的规定。

② 拆装前应清理好周围环境；最好在专用的拆装架或工作台上进行，以便于液力元件的翻转。

③ 敲击零件工作面时，应用铜棒或木槌，有专用工具者应尽量使用专用工具，避免猛敲猛打，损坏零件。

④ 拆卸配制的零件时，为保持良好的配合特性，应在有关零件上作好标记，装配时对号入座。

⑤ 有平衡要求的旋转件，如泵轮与壳体总成（包括紧固件）等，拆卸时应作好标记，以防装错而破坏平衡。紧固件如有损坏，应选用重量相等的进行更换。如平衡已破坏，则需重新进行平衡试验。

⑥ 拆下的零件应按顺序放好，防止散乱、碰坏或锈蚀。调整垫片要作好标记，用铅丝拴好，以免装反。

⑦ 凡连接件有 4 个以上螺栓者，需依次对称均匀拧紧，以免零件变形。

⑧ 开口销、止推垫片等不宜重复使用。

【知识拓展】

1. 液力变矩器的检查

（1）液力变矩器外观检查

检查液力变矩器外部有无损坏和裂纹、轴套外径有无磨损、驱动油泵的轴套缺口有无损伤，如有异常，应更换液力变矩器。

（2）液力变矩器装入变矩器壳深度的检查

将变矩器装入变矩器壳内，使之与液压泵和变速器处于正确安装状态。利用平尺搭在壳体平面上，再用一直尺或深度尺借助平尺检查变矩器外表面距壳体的深度，并记录。装配时，这个深度尺寸可用来检验变速器机械零部件、液压泵及变矩器是否安装到位。

（3）液力变矩器轴套偏摆量检查

将液力变矩器安装在发动机飞轮上，用千分表检查变矩器轴套的偏摆量。

（4）液力变矩器导轮超越离合器检查

将单向超越离合器内座驱动杆（专用工具）插入变矩器中，将单向离合器外座固定器（专用工具）插入变矩器中，并卡在轴套上液压泵驱动缺口内。转动驱动杆，检查单向超越离合器工作是否正常。在逆时针方向上单向超越离合器就锁止，顺时针方向上应能自由转动。如有异常，说明单向超越离合器损坏，应更换液力变矩器。

（5）液力变矩器涡轮轴向间隙检测

涡轮轴向间隙的检测必须使用专用工具。检测时通过内螺纹杆的转动将涡轮拉到最高位置，并通过百分表读得所在位置，标定读数基准，然后通过内螺纹杆的转动使涡轮下降到最低位置，读得的变化量即为涡轮轴向间隙。

（6）液力变矩器内部运动干涉的检查

这种检查相对比较简单，不需要任何专用设备即可完成。

检查导轮与涡轮之间是否有运动干涉的方法是：将变矩器颈面朝上放在台架上，装入油泵总成，确保泵轴部分与油泵接合，以实现良好的定位。把涡轮轴插入涡轮花键轮毂中，使油泵和变矩器保持不动，然后顺时针、逆时针方向旋转涡轮轴。要注意听变矩器内部是否有异响发出，在转动涡轮轴时也应特别注意转动是否灵活自如。如果涡轮轴转动不顺畅或有异响，则说明变矩器内部有故障，应该更换。

检查导轮与泵轮之间是否有运动干涉的方法是：把变速器油泵放在台架上并固定，把变矩器安装在导轮轴的支承花键上。旋转变矩器直到轮毂与油泵驱动部分接合，然后固定住油泵并逆时针方向旋转变矩器（使导轮单向离合器锁止，叶片能够转动），如果变矩器转动不顺畅或产生异响，则说明变矩器内部有运动干涉故障，需要更换。

(7) 液力变矩器锁止离合器摩擦材料与锁止能力检查

锁止离合器的检查和判断常有以下几种方法。

① 变矩器解体检修　这是对变矩器剖开解体，对其内部元件进行检查的方法。这种方法最彻底、最直观，但必须有专用试验设备才行，这只有专业维修人员才能做到。

② 锁止离合器扭矩能力试验　是指模仿锁止离合器工作的情况，通入气压让锁止离合器锁止工作，通过扭力扳手来测试不打滑的最大扭转力矩。此试验需要使用专用工具才能完成，专用工具可以购买或自行制作。

③ 经验分析判断法　在没有上述专用设备及工具的情况下，可利用一些基本现象及状况来分析变矩器是否存在故障。一般从以下几个方面进行分析判断：是否有明显的锁止离合器故障存在；变矩器是否已经工作了很长时间；在自动变速器油中是否有过量的摩擦材料磨屑或其它金属磨屑与杂质；变矩器是否有因过热而发蓝的迹象。

如果没有上述故障现象，且变矩器中没有摩擦材料严重磨损现象，则这个变矩器可以继续使用。如果有上述故障现象，则应更换变矩器或送专修厂检修。

2. 液力变矩器的清洗

(1) 普通清洗法

普通清洗法指利用变矩器油循环路线及原理，用压缩空气进行排污的方法。具体如下。

① 找一盛油的油盆和一带孔的铁板或木板，然后将变矩器的轴颈口朝下放置，将压缩空气管插入变矩器的最顶部，打开压缩空气，将旧油全部吹出。

② 向变矩器内部加入挥发性极好的清洗剂，如汽油等，然后用手上下晃动变矩器，或者将涡轮轴或导轮轴插入变矩器内转动搅拌，进行清洗。

③ 用压缩空气将油排除，反复上述过程几次。

④ 再向变矩器内通入压力较大的压缩空气，保持压缩空气流通 10min 以上，以使变矩器内部的汽油等清洗剂完全被吹出或挥发掉，使变矩器充分干燥。

(2) 钻孔清洗法

一般的汽车维修企业不能对变矩器采取剖开、洗净、再焊接的办法，因为若这样做，会损伤变矩器内部元件，产生变形，引起变矩器不平衡等。根据变矩器的结构和形状可知，无论怎样放置变矩器，其出油口始终要高于变矩器的最低位置，那么如何才能把变矩器内部的油液连同杂质一起排出来呢？在一些车型的变矩器上有用来排污的螺塞（奔驰车的变矩器上就有用 5mm 内六角扳手拆装的放油螺塞），而大多数车型变矩器上则没有这个螺塞，因此可采用在变矩器壳体上钻孔的办法。

在变矩器最外侧选择较平的面，在两叶片之间钻一个孔。钻好孔后，将孔向下放置半小时以上，让变矩器内原有旧变速器油完全排出，然后从变矩器轴颈口处加入清洁剂或挥发性好的汽油，用手上下晃动变矩器，或者将涡轮轴或导轮轴插入变矩器内转动搅拌，进行清洗。再次将钻孔朝下，倒出清洗剂及杂质，反复上述操作几次。然后向变矩器内通入压力较大的压缩空气，保持压缩空气流通 10min 以上，以使变矩器内部的汽油完全被吹出或挥发掉，使变矩器充分干燥。最后再用铆钉将钻孔铆死堵住，或对钻孔进行攻螺纹并配上密封螺钉。

3. 液力变矩器渗漏性试验

变矩器在制造时有材质或焊接等缺陷，会出现一些细小砂眼，使变矩器出现渗漏现象。

特别是在对变矩器进行解体检修后或采用上述钻孔清洗法清洗后，很容易出现这种渗漏现象。出现泄漏现象就得使用气压密封试验对其进行检查。进行此试验需要专用工具。此试验的方法、原理与补胎时检查轮胎密封性一样，将变矩器内部通入压缩空气，放入水中，有气泡逸出的地方就是发生渗漏的地方。

学习小结

本情境结合汽车液力变矩器介绍了汽车液力传动的组成及工作原理。并详述了汽车用液力变矩器的类型以及各种类型的结构和工作过程。

自我评估

1. 填空题

（1）汽车液力变矩器主要由_____、_____和_____组成。其中_____对变矩起到关键的作用，而液力偶合器则没有这个元件。

（2）四元件综合式液力变矩器中有_____个导轮，使得其高效率区比三元件综合式液力变矩器宽。

（3）闭锁式液力变矩器可通过_____来实现输入和输出刚性连接，实现高效率传动。

2. 问答题

简述汽车液力变矩器的变矩原理及工作过程。

评价标准

本学习情境的评价内容包括专业能力评价、方法能力评价及社会能力评价3个部分。其中自我评分占30%、组内相互评分占35%、教师评分占35%，总计为100%，见下表。

学习情境5　综合评价表

种类	项目	内容	配分	考核要求	扣分标准	自我评分 30%	组内评分 35%	教师评分 35%
专业能力评价	任务实施计划	1. 实训的态度及积极性 2. 实训方案制订及合理性 3. 安全操作规程遵守情况 4. 考勤、遵守纪律情况 5. 完成技能训练报告	30	实训目的明确，积极参加实训，遵守安全操作规程和劳动纪律，有良好的职业道德和敬业精神；技能训练报告符合要求	实训计划占5分；安全操作规程占5分；考勤及劳动纪律占5分；技能训练报告完整性占15分			
	任务实施情况	1. 液力变矩器结构分析 2. 拆解液力变矩器并分析液力油液的流动路线 3. 任务的实施规范化，安全操作	30	能分析液力变矩器的变矩原理；正确拆解液力变矩器并能分析其工作过程；任务实施符合安全操作规程而且功能实现完整	分析液力变矩器变矩原理占10分；拆解液力变矩器并正确分析液流方向占10分；任务实施完整性占10分			
	任务完成情况	1. 相关工具的使用 2. 相关知识点的掌握 3. 任务的实施完整情况	20	能正确使用相关工具；掌握相关的知识点；具有排除异常情况的能力并提交任务实施报告	工具的整理及使用占10分；知识点的应用及任务实施完整性占10分			
方法能力评价		1. 计划能力 2. 决策能力	10	能够查阅相关资料制订实施计划；能够独立完成任务	查阅相关资料能力占5分；选用方法合理性占5分			
社会能力评价		1. 团结协作 2. 敬业精神 3. 责任感	10	具有组内团结合作、协调能力；具有敬业精神及责任感	团结合作、协调能力占5分；敬业精神及责任心占5分			
合计			100					

附录

常用液压与气压元件图形符号

(GB//T 786.1—2001 摘录)

表 1　基本符号、管路及连接

名　称	符　号	名　称	符　号
工作管路		管端连接于油箱底部	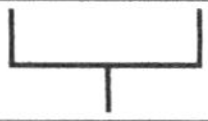
控制管路 泄漏管路		密闭式油箱	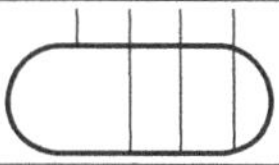
连接管路		直接排气	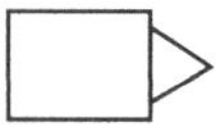
交叉管路		带连接排气	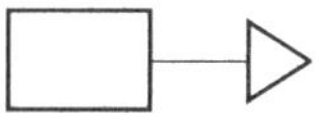
柔性管路		带单向阀快换接头	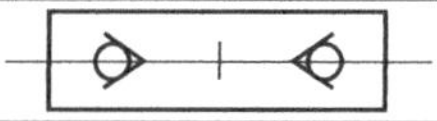
组合元件线		不带单向阀快换接头	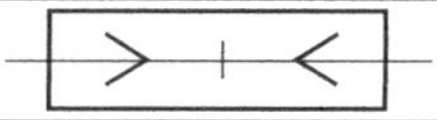
管口在液面以上的油箱		单通道旋转接头	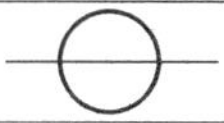
管口在液面以下的油箱		三通路旋转接头	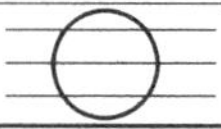

表 2　泵、马达和缸

名　称	符　号	名　称	符　号
单向定量液压泵	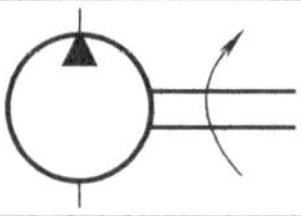	定量液压泵、马达	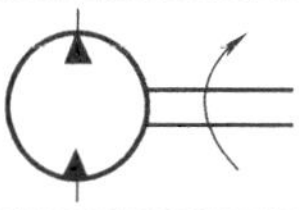
双向定量液压泵	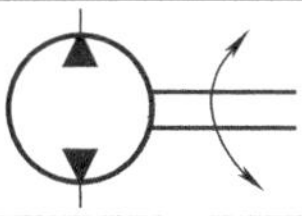	变量液压泵、马达	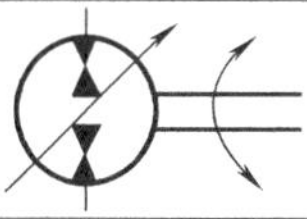
单向变量液压泵	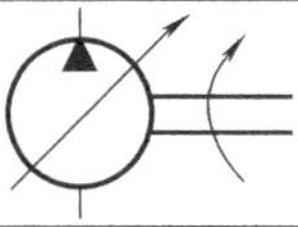	液压整体式传动装置	
双向变量液压泵	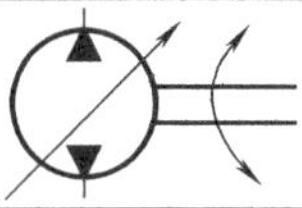	摆动马达	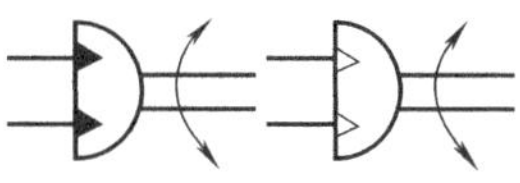

名　称	符　号	名　称	符　号
单向定量马达		单作用弹簧复位缸	
双向定量马达		单作用伸缩缸	
单向变量马达		双作用单活塞杆缸	
双向变量马达		双作用双活塞杆缸	
单向缓冲缸		双作用伸缩缸	
双向缓冲缸		增压器	

表3　控制机构和控制方法

名　称	符　号	名　称	符　号
按钮式人力控制		单向滚轮式机械控制	
手柄式人力控制		单作用电磁控制	
踏板式人力控制		双作用电磁控制	
顶杆式机械控制		电动机旋转控制	
弹簧控制		加压或泄压控制	
滚轮式机械控制		内部压力控制	

续表

名　称	符　号	名　称	符　号
外部压力控制	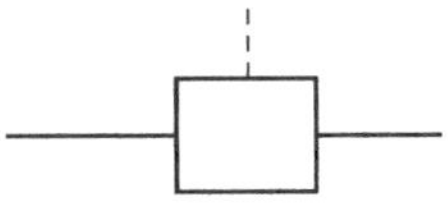	电液先导控制	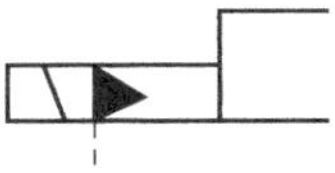
气压先导控制	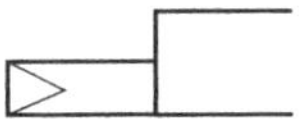	电气先导控制	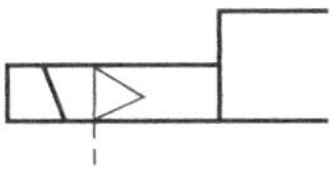
液压先导控制	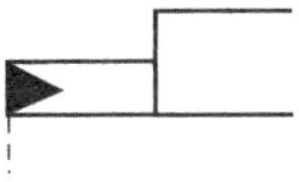	液压先导泄压控制	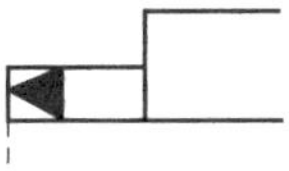
液压二级先导控制	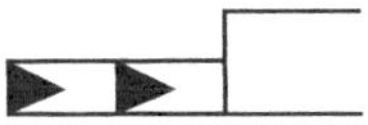	电反馈控制	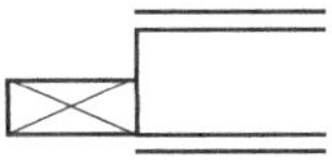
气液先导控制	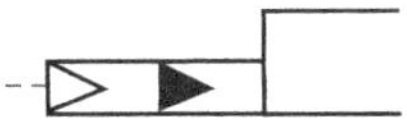	差动控制	

表 4　控制元件

名　称	符　号	名　称	符　号
直动型溢流阀	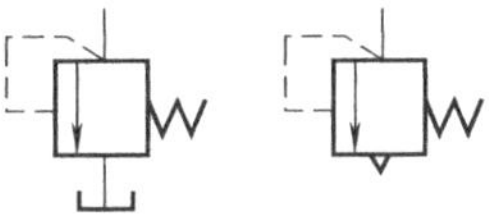	溢流减压阀	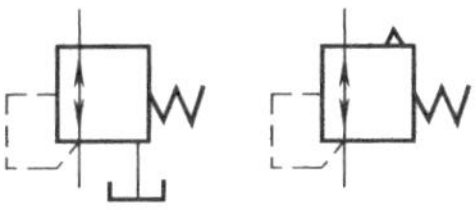
先导型溢流阀	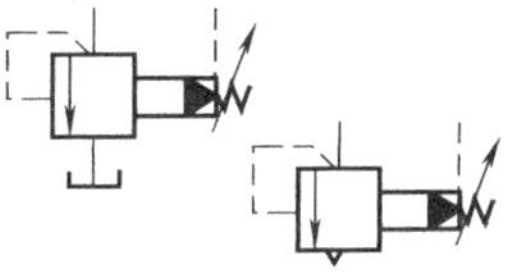	先导型比例电磁式溢流阀	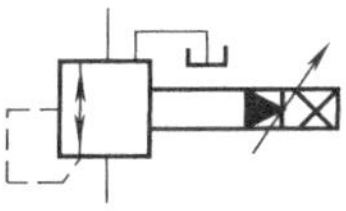
先导型比例电磁溢流阀	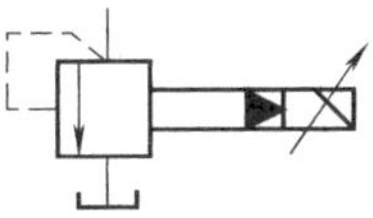	定比减压阀	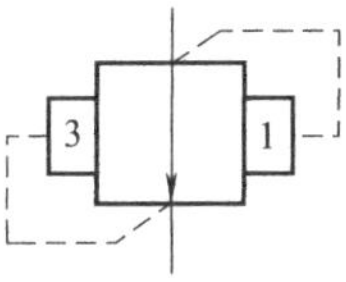
卸荷溢流阀	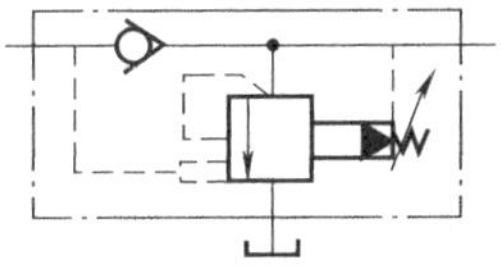	定差减压阀	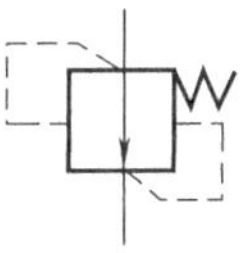
双向溢流阀	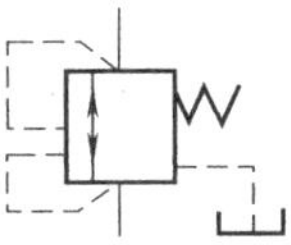	直动型顺序阀	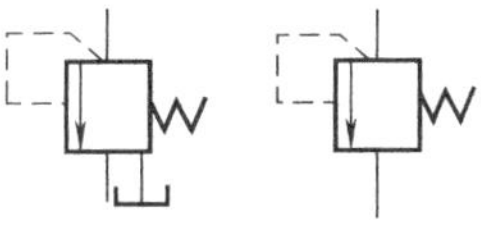
直动型减压阀	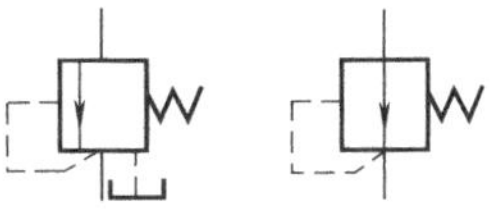	先导型顺序阀	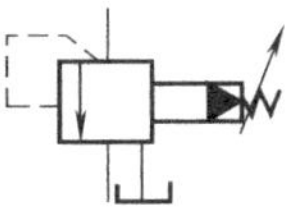

续表

名　　称	符　　号	名　　称	符　　号
先导型减压阀		单向顺序阀（平衡阀）	
直动型卸荷阀		集流阀	
制动阀		分流集流阀	
不可调节流阀		单向阀	
可调节流阀		液控单向阀	
可调单向节流阀		液压锁	
减速阀		或门型梭阀	
带消声器的节流阀		与门型梭阀	
调速阀		快速排气阀	
温度补偿调速阀		二位二通换向阀	
旁通型调速阀		二位三通换向阀	
单向调速阀		二位四通换向阀	

续表

名　称	符　号	名　称	符　号
分流阀	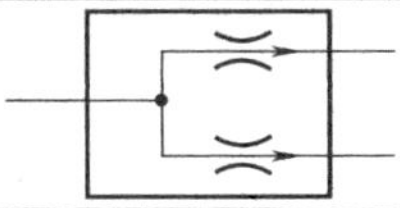	二位五通换向阀	
三位四通换向阀	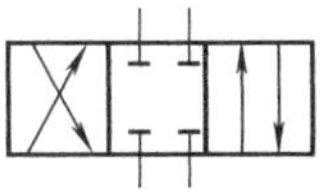	四通电液伺服阀	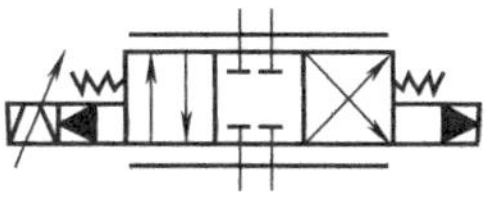
三位五通换向阀	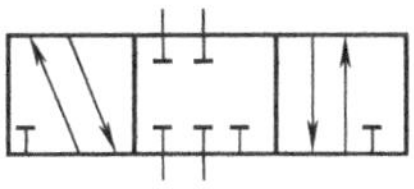		

表 5　辅助元件

名　称	符　号	名　称	符　号
过滤器	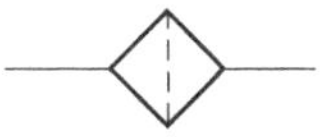	气罐	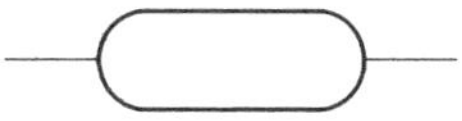
磁芯过滤器	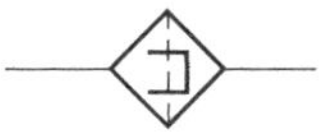	压力计	
污染指示过滤器	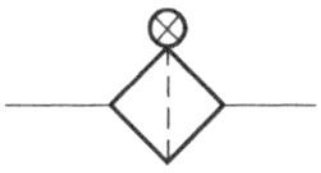	液面计	
分水排水器		温度计	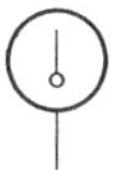
空气过滤器		流量计	
除油器		压力继电器	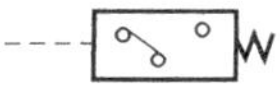
空气干燥器		消声器	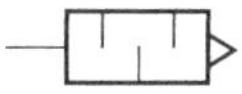
油雾器	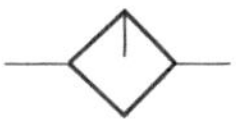	液压源	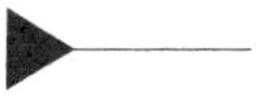
气源调节器	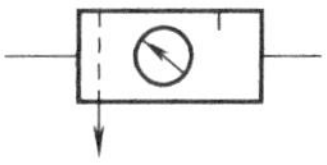	气压源	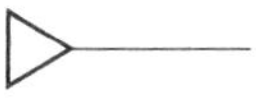
冷却器	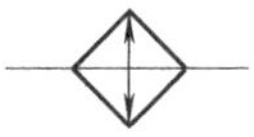	电动机	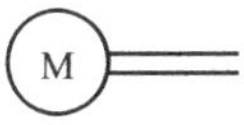
加热器		原动机	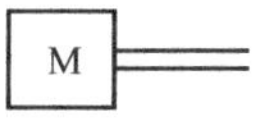
蓄能器		气液转换器	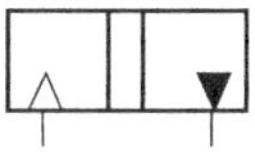

参考文献

[1] 齐晓杰主编. 汽车液压、液力与气压传动. 第二版. 北京：化学工业出版社，2007.
[2] 安永东主编. 汽车液压、液力与气压传动（学习指导）. 北京：化学工业出版社，2008.
[3] 张凤山，庄洪涛主编. 新型轿车自动变速器构造与维修. 北京：人民邮电出版社，2005.
[4] 张春阳主编. 液压与液力传动. 北京：人民交通出版社，2003.
[5] 周林福主编. 汽车底盘构造与维修. 北京：人民交通出版社，2005.
[6] 张西振，惠有利主编. 轿车 ABS/ASR 系统检修培训教程. 北京：机械工业出版社，2002.
[7] 宋福昌等编著. 电控液力自动变速器的结构与维修. 北京：国防工业出版社，2000.
[8] 戴冠军等编著. 现代汽车新结构、新技术使用维修手册. 北京：国防工业出版社，2001.
[9] 过学迅编著. 汽车自动变速器（结构和原理）. 北京：机械工业出版社，2003.
[10] 成大先主编. 机械设计手册：第四卷，第五卷. 北京：化学工业出版社，2002.
[11] 王秀贞主编. 轿车自动变速器构造与维修. 北京：人民交通出版社，2005.
[12] 谭洪海主编. 汽车机械基础. 北京：中国劳动社会保障出版社，2007.
[13] 陆一心等编著. 汽车液压系统及故障维修. 北京：化学工业出版社，2007.
[14] 冯晋祥主编. 专用汽车设计. 北京：人民交通出版社，2007.
[15] 赵静一等编著. 液力传动. 北京：机械工业出版社，2007.
[16] 安永东主编. 汽车液压、气压与液力传动. 北京：化学工业出版社，2009.
[17] 潘玉山主编. 液压与气压技术. 北京：机械工业出版社，2008.
[18] 张林主编. 液压与气压传动技术. 北京：人民交通出版社，2008.

欢迎订阅化工版"全国高职高专教学改革规划教材"

本套教材涉及汽车专业、电气专业、机械专业。汽车专业的具体书目已在本书的前言和封底有具体的介绍,机械专业和电气专业的具体书目如下。

机械专业
- 机械图样识读与测绘
- 机械图样识读与测绘(化工专业适用)
- 工程力学
- 机械制造基础
- 机械设计基础
- 电气控制技术(非电类专业适用)
- 液压气动技术及应用
- 机械制造工艺与装备
- 机电设备故障诊断与维修
- 数控加工手工编程
- 数控加工自动编程
- 数控机床维护与故障诊断
- 冷冲压模具设计
- 塑料成型模具设计
- 金属压铸模具设计
- 模具制造技术
- 模具试模与维修
- 电工电子技术(非电类专业适用)

电气专业
- 自动生产线安装、调试与维护
- 电机控制与维修
- 电子技术
- 电机与电气控制
- 变频器应用与维修
- PLC 技术应用——西门子 S7-200
- 单片机系统设计与调试
- 工厂供配电技术
- 自动检测仪表使用与维护
- 集散控制系统应用
- 液压气动技术与应用(非机械专业适用)

化学工业出版社出版机械、电气、化学、化工、环境、安全、生物、医药、材料工程、腐蚀和表面技术等专业图书。如要出版新著,请与编辑联系。如要以上图书的内容简介和详细目录,或要更多的图书信息,请登录 www.cip.com.cn。

地址: 北京市东城区青年湖南街 13 号 化学工业出版社 邮编:100011
编辑: 010-64519273